Für Emilia und Melanie

René Esteban

SIE HABEN DAS ZIEL ERREICHT.

Die Focus First Strategie

WINDSOR VERLAG
www.windsor-verlag.com

Verlag:	Windsor Verlag
ISBN:	978-1-627843-14-0

Umschlaggestaltung:	Julia Evseeva
Titelbild:	© Biletskiy Evgeniy - Fotolia.com
Korrektorat:	Windsor Verlag
Grafiken:	René Esteban
	Grafik Tasse S.67 - Fotolia.com
Bilder:	Foto Florian Sitzmann © Thommy Mardo-Studio Mannheim
	Foto Andreas Föller © Andreas Föller
	Foto Claudia Ludwig © Anja Janes Tiervision
	Foto Kai Brune © Kai Brune
	Foto Susanne Simon © Susanne Simon
Layout:	Julia Evseeva

INHALTSVERZEICHNIS

Die Focus-First-Strategie 11

TEIL I – Fokus auf dich 17

1. Wer bin ich und was mach ich hier? 18

   Interview Florian Sitzmann 36

2. Werte & Glaubenssätze 44

3. Eigene Wahrnehmung 58

   Interview Andreas Föller 72

TEIL II – Fokus auf deine mentale Stärke 78

4. Denken, sprechen & handeln 79

   Interview Susanne Simon 94

5. Wünschen und Bekommen 104

   Interview Kai Brune 114

TEIL III – Fokus auf das Ziel 121

6. Ziel definieren 122

   Interview Claudia Ludwig 128

7. Ziel konkretisieren 134

8. Ziel realisieren 147

Ziel erreicht 165

Alles auf einen Blick 168

DER AUTOR

Nach einer kaufmännischen Ausbildung, diversen Fortbildungsmaßnahmen und der Gründung des eigenen Unternehmens übernimmt René Esteban mit 27 Jahren die Leitung des globalen E-Commerce-Geschäfts bei einem DAX30-Unternehmen.

René durfte zahlreiche internationale Erfahrungen machen und hat seit über zwei Jahrzehnten Menschen beobachtet und befragt, wie sie Ziele erreichen. Dadurch fiel ihm auf, dass Ziele erreichen immer einer gewissen Struktur folgt. Und daraus ist ein Strategiemodell entstanden: Die Focus-First-Strategie. Ein Modell zur Erreichung großer Ziele. Das Konzept testete zuerst René an sich. Ergebnis: Innerhalb von 8 Monaten hat René ein Viertel seines Körpergewichts abgenommen, insgesamt 30 kg, und sein Wunschgewicht erreicht.

René Esteban freut sich, sein Wissen und seine Techniken zur Zielerreichung mit dir zu teilen.

VORWORT DES AUTORS

Dieses Buch beinhaltet das umfassende Wissen der Zielerreichung. Ziele zu erreichen ist eine Struktur. Eine Struktur, die von Millionen Menschen täglich praktiziert wird. Du darfst deine eigene Struktur herausfinden und dieses Buch unterstützt dich genau darin. Dieses Buch zeigt dir die Strategie, damit du deine Ziele erreichst. Diese Strategie, Die Focus-First-Strategie, entstand durch jahrelange Beobachtung und Interviews von erfolgreichen, glücklichen Menschen.

Warum brauche ich Ziele im Leben? Leiden Menschen nicht ohnehin unter dem ständigen Erfolgsdruck, sobald sie sich Ziele im Leben setzen? Geht es heute nicht immer nur noch darum, höher, schneller, weiter, besser zu sein? Menschen wollen immer mehr, mehr, mehr – doch die Frage ist: Mehr als wer? Mehr als der Millionär? Mehr als der reiche Nachbar von nebenan? Sobald Menschen krampfhaft Ziele erreichen wollen, dauert es meistens länger und ist anstrengender. Für die eigene Person und die Mitmenschen.

Weshalb brauche ich dann Ziele, wenn mich diese nur unter Druck setzen und vor allem: Warum sollte ich dann dieses Buch lesen?

Weil Ziele dem Menschen einen Sinn schenken und eine innere Klarheit aufbauen, was wichtig in deinem Leben ist. Ziele geben dir Orientierung und geben dir das Gefühl, etwas Sinnvolles geleistet zu haben – und das jeden einzelnen Tag.

Dieses Buch ist anders: Es hilft dir, deine großen Lebensziele zu verwirklichen und das mit einer Gelassenheit eines japanischen Zen-Mönchs während einer Tee-Zeremonie.

Das Buch unterstützt dich, fokussiert auf dein Ziel zu bleiben – mit einem gelassenen Lächeln auf deinem Gesicht. Ziele zu erreichen darf leicht sein. Ziele zu erreichen darf Spaß machen.

Ist es denn wichtig, erfolgreich zu sein? Nein. Allerdings ist es wichtig, ein erfülltes und glückliches Leben zu leben. Ein erfülltes Leben kann sich jeder Mensch leisten. Denn um erfüllt und glücklich zu sein, bedarf es keines Reichtums oder Wohlstands. Um glücklich zu sein, bedarf es einer positiven innerlichen Einstellung zu sich selbst und zum Leben. Weg vom Haben, hin zum Sein. Um genau dieses erfüllte Leben zu leben, diesen Sinn des Lebens zu verwirklichen, helfen dir Ziele im Leben. Ziele, die dich näher zum erfüllten Leben bringen.

Dieses Buch begleitet dich, damit du genau diesen Lebensabschnitt erreichst – schneller, als du es vorhin noch dachtest. Du hast nur ein Leben – lebe das Leben, was du dir wünschst. Es ist alles möglich, sobald du bereit dazu bist. Wenn nicht jetzt – wann dann? Wenn nicht du – wer sonst?

René Esteban
im Januar 2015

DIE FOCUS-FIRST-STRATEGIE

Die *Focus-First*-Strategie ist schnell und einfach erklärt: Fokussiere dich zuerst, bevor du irgendetwas anfängst. Bleib bei allem, was du machst, fokussiert. Lass dich nicht ablenken.

Das ist leichter gesagt als gelebt. Die meisten Menschen auf diesem Planeten haben nämlich viele verschiedene Rollen, die verschiedene Aufgaben mit sich bringen. Sobald du einen Moment innehältst und dir überlegst: Was ist noch alles zu tun in den nächsten vier Wochen? Dann fallen die Reaktionen der Leser unterschiedlich aus. Bei den meisten Menschen fängt es im Kopf an zu rattern und es kommt eine Aufgabe nach der anderen zum Vorschein. Bei anderen Menschen kommen vielleicht nur 1–10 Aufgaben in den Sinn und bei wieder anderen löst es die Reaktion aus, dass sie jetzt nicht darüber nachdenken wollen. Jede Reaktion ist okay und in Ordnung. Und doch haben alle Reaktionen die gleiche Notwendigkeit: Was ist nun die wichtigste Aufgabe von allen und worauf darfst du dich zuerst fokussieren?

Die *Focus-First*-Strategie ist zugleich eine Lebensphilosophie, sich nicht durch die vielen Ablenkungen im Leben verunsichern zu lassen und weiter auf dem Weg zum Ziel zu bleiben. Es warten so viele Gelegenheiten da draußen auf dich, um dich von deinem Ziel abzulenken.

Wirf nur mal bitte einen kurzen Blick auf dein Smartphone: Wie viele Apps hast du installiert? Wie viele dieser Apps senden dir Nachrichten, Mitteilungen und informieren dich über neue Angebote oder Updates? Wie viele Fernsehprogramme, Internetseiten, Mails, Werbeprospekte, Nachrichten, Menschen versuchen deine Aufmerksamkeit zu erhalten – an nur einem einzelnen Tag? Wir leben in einer Zeit der Informationsüberflutung. Internet und das Marketing der Unternehmen schaffen es Tag für Tag, neue Ideen hervorzubringen, die dir das Leben einfacher machen sollen – und oft wird es dadurch komplizierter. Wer sich vor 15 Jahren über eine E-Mail gefreut hat, freut sich heute über einen handgeschriebenen Brief. Wer früher einen Brief schreiben wollte, griff zur Schreibmaschine oder Stift. Heute starten wir den PC und werden erst mal von verschiedensten Meldungen überhäuft: Virensoftware bitte updaten; Sie haben Post; Bitte aktualisieren Sie Ihr Betriebssystem; Neustart in 3–2–1 …). Bis wir erst mal das Schreibprogramm auf dem PC geöffnet haben, ist es schon ein langer Weg. Haben wir dann erst mal das Schreibprogramm geöffnet, kommen während des Schreibens weitere Meldungen rein geflattert, über den PC, das Smartphone oder einen anderen Kanal.

Sich auf eine Sache zu konzentrieren, nur eine Sache in diesem Moment zu tun, erfordert eine Veränderung unserer Strategien. Strategien, um fokussiert zu bleiben. Und genau hier hilft die *Focus-First*-Strategie.

Die *Focus-First*-Strategie unterstützt dich auf deinem Weg, deine großen Ziele zu erreichen, damit du dir deinen Lebenssinn und Lebenstraum erfüllst. Du lernst, deine Ziele zu identifizieren, zu definieren und anschließend zu realisieren. Trotz der vielen Ablenkungen gibt dir die *Focus-First*-Strategie die Hilfsmittel und Strukturen an die Hand, damit du fokussiert bleibst in deinem Leben.

Hier sind die wichtigsten Punkte. Kurz und knapp und sehr hilfreich:

1. Sei authentisch und entspannt in jeder Situation.
2. Leb nach deinen Werten, dann bist du frei.
3. Mach ein großes Zielbild und lebe so, als hättest du dein Ziel schon erreicht.
4. Kommunizier deine Ziele – klar und simpel.
5. Fang an und bleib dran – Handlung verwirklicht Ziele.

Der wichtigste Punkt, um Ziele zu erreichen, ist allerdings der folgende: **Fokussier dich auf ein Ziel nach dem anderen und sei überzeugt, dass du es erreichst.**

DURCHATMEN UND FOCUS FIRST!

Bei allen zukünftigen Situationen, bei denen du früher noch dachtest: „Ich schaff das nicht." – Atme durch. Mach einen Spaziergang, mach das Fenster auf oder bleib einfach still sitzen und mach mal: nichts. Denk an nichts, konzentrier dich nur auf deine Ein- und Ausatmung. Nimm dir ein paar Minuten nur für dich. Dann schau dir das ‚große Ganze' an und entscheide, was die wichtigste – und nur die eine wichtige – Aufgabe ist. Dann fokussier dich auf diese eine Aufgabe und blende alles andere aus.

Wenn es dir hilft, leite deine Telefone auf die Mailbox, geh offline und schließ die Tür. Du darfst dir erlauben, nicht erreichbar zu sein. Fokussier dich zu 100 Prozent auf diese eine Sache. Kommen dennoch störende Momente, leg sie ab oder um (sind es Menschen, bitte sie, später noch mal zu kommen – Umlegen ist hier nicht nötig). Lenken dich andere Gedanken ab, dann schreib dir die Gedanken auf einen Zettel, damit du später an diesen Gedanken anknüpfen kannst. Das ist nun der Moment, in dem es nur noch dich und die eine Aufgabe gibt – nicht mehr und nicht weniger.

Was sich bei einer Aufgabe noch simpel anhört, kann bei großen Zielen eine Herausforderung darstellen. Vor allem, sobald es sich um Ziele handelt, die über Monate oder gar Jahre gehen. Die nächsten Kapitel sind so aufgebaut, dass sie dir die *Focus-First*-Strategie immer näher bringen und dir die Werkzeuge für diese großen Ziele geben. Jede Zielerreichung steigt mit der eigenen inneren Klarheit und mentalen Stärke. Dieses Thema darfst du zuerst verinnerlichen, bevor du die Zieltechniken kennenlernst.

Die *Focus-First*-Strategie besteht somit aus drei Bestandteilen:

1. der Lebenseinstellung: Zuerst fokussieren, dann handeln,
2. dem *Focus First On Three* Model,
3. dem *Focus First Goal* Camp.

Einfach ausgedrückt behandeln Teil I und Teil II in diesem Buch die Grundvoraussetzungen, um Ziele zu erreichen. Du lernst, welche Werte und Glaubenssätze für dich stehen; wie dein Blick auf die Welt ist und wie dir das hilft bei deiner individuellen Zielerreichung. Du lernst deinen Lebenssinn zu identifizieren und drei große Lebensziele zu finden, die dich genau zu diesem schönen Lebensabschnitt bringen. Das *Focus-First-On-Three*-Modell wurde entwickelt, um dich genau hierbei zu unterstützen.

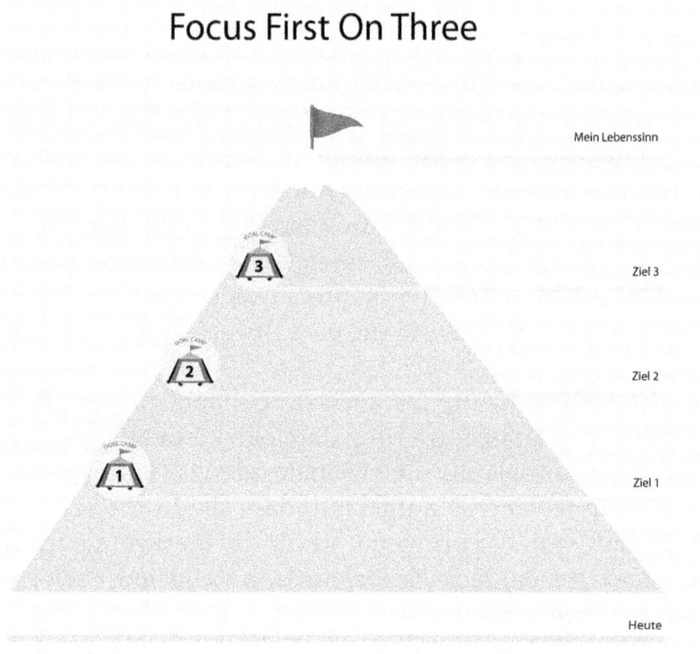

Dann erst, im Teil III, lernst du die Struktur zur Zielerreichung kennen. Du findest deine großen drei Lebensziele, konkretisierst diese und fokussierst dich auf ein Ziel nach dem anderen. Du möchtest es daran vergleichen: Erst lernst du, was ein Fahrrad ist, und es wird dir beigebracht, wie du mit diesem Fahrrad fährst (Teil I und Teil II). Dann erst fährst du eigenständig zu deinem Ziel (Teil III).

Jedes dieser drei Lebensziele darf, nach der Identifizierung, so definiert werden, dass du ein unaufhaltsames Verlangen verspürst, jeden einzelnen Tag etwas für deine Ziele zu tun. Du erreichst Ziele nicht durch bloßes Wünschen – du erreichst Ziele nur mithilfe eines brennenden Verlangens danach. Ein schwaches Verlangen sorgt für schwache Ergebnisse. Um genau dieses brennende Verlangen zu entwickeln, wurde das *Focus First Goal Camp* entwickelt.

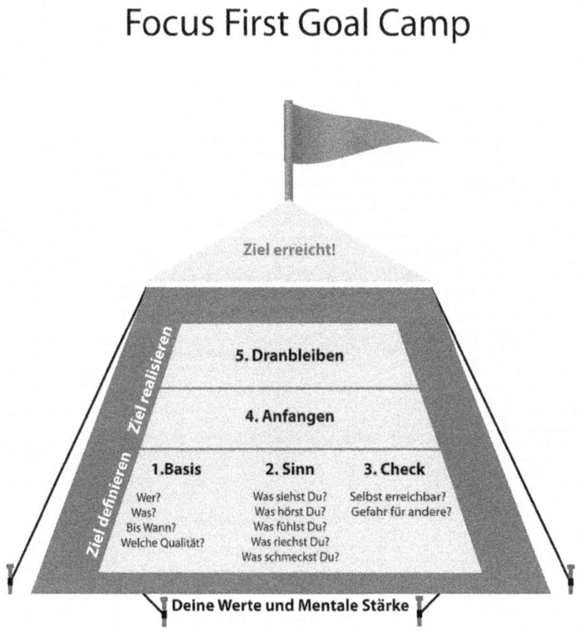

Das *Focus-First-Goal-Camp*-Modell basiert auf jahrzehntelangem Beobachten von erfolgreichen Menschen und wie diese Menschen ihre Ziele erreicht haben.

Jetzt hast du dieses Wissen in deiner Hand, bald im Kopf und schnell im Herz. Leg los und viel Spaß auf deiner Reise.

Focus First!

TEIL I – Fokus auf dich

„Nicht der Wind, sondern das Segel bestimmt die Richtung."

Konfuzius

1. WER BIN ICH UND WAS MACH ICH HIER?

„Träume dir dein Leben schön und mach aus diesen Träumen eine Realität."

Marie Curie

Darauf fokussierst du dich in diesem Kapitel:

- Was eigentlich ‚Lebenssinn' ist.
- Weshalb es wichtig ist, dass du deinen kennst.
- Wie du deinen Lebenssinn findest.

Das Wort „Lebenssinn" schwirrt nur selten in Gesprächen rum und taucht deswegen auch nur selten auf. Oft wird über den Sinn des Lebens bei einer Party, nach zu vielen Cuba Libres, philosophiert. Doch was bedeutet es eigentlich, einen Sinn für das eigene Leben zu haben? Ist es denn notwendig, den eigenen Lebenssinn zu kennen? Was passiert, falls Menschen auf dieser Erde waren und ihren Sinn des Lebens nicht gefunden haben? Sind sie dann traurig von der Erde gegangen? Oder gar glücklicher?

Nur zu leben, um am Leben zu bleiben: Das kann es nicht gewesen sein. Es ist ein Verlust eines Menschenlebens, sofern Menschen diese Welt verlassen, ohne einen Wert geschaffen zu haben. Irgendeinen Sinn darf der Abschnitt zwischen Geburt und Tod, den wir Leben nennen, doch haben. Menschen dürfen lernen, Verantwortung zu übernehmen für das eigene Leben. Möchtest du ein glückliches Leben, dann kannst nur du das verwirklichen. Du darfst dir bewusst machen, dass alles, was mit dir passiert, deswegen passiert, weil du das ausgelöst hast. Du bist auch kein Pechvogel und die Welt hat es auch nicht auf dich abgesehen. Du bist allein verantwortlich. Ursache und Wirkung gehören zusammen. Keiner will dich für irgendetwas bestrafen. In den meisten Fällen sabotieren wir uns Menschen nämlich selber. Dafür brauchen wir keine anderen Mitmenschen. Du allein bist für das Ergebnis deines Lebens verantwortlich. Das mag sich unfair anhören. Doch nur du allein hast die Wahl und die Möglichkeiten, deine momentane Situation zu verändern. Das übernimmt keiner für dich. Folgende Maxime darf für dich einen hohen Stellenwert erhalten: Raus aus der Opferrolle, rein in die selbstverantwortliche, schöpferische, erwachsene Gestalt.

Es gibt Menschen, die finden ihren Lebenssinn sehr schnell. Manche erst mit 80 Jahren. An sich ist es egal, wann es ‚Klick' macht: Hauptsache ist, du findest deinen Lebenssinn. Viele Menschen verschreiben sich Religionen und Philosophien, um ihren Sinn des Lebens zu verfolgen. Wenn das deine Vorstellung ist, ist das gut und in Ordnung. Allerdings gibt es auch viele Menschen, die mit Religionen und Philosophien wenig anfangen können. Allerdings spüren sie, dass ihnen irgendetwas fehlt im Leben. Irgendetwas fehlt, das, sobald es gefunden wurde, wieder Sinn im Leben gibt. Dieses „Ding", was wir Menschen suchen, bezeichnen wir als Lebenssinn. Es gibt viele Namen für das gleiche Resultat. Manche nennen es Zweck des Lebens, andere Erfüllung, wieder andere „der Grund, weshalb ich auf Erden bin".

Die Suche nach dem Lebenssinn erweist sich manchmal als länger und manchmal schneller, als wir denken.

Interessanterweise ist es in jedem von uns – schon vorhanden. Es wartet nur darauf, ‚entdeckt' zu werden. Und obwohl es so unspezifisch und scheinbar weit entfernt ist, zumindest gefühlt, ist es doch da und wartet darauf, endlich gelebt zu werden. Menschen, die ihren Lebenssinn gefunden haben, leben ein erfülltes Leben, sie sind ausgeglichene, souveräne, selbstwirksame Erwachsene, die ein glückliches und positives Leben führen. Es gibt viele solcher Menschen, viele sind dir bekannt und viel mehr unbekannt. Diese Menschen haben alle ihre Höhen und Tiefen, allerdings stehen sie schneller auf, falls ein Rückschlag aufgetreten ist. Denn sie fokussieren sich auf die Erreichung ihres Lebenssinns und lassen sich von diesen Rückschlägen nicht von ihrem Weg ablenken.

Bei manchen Menschen ist der eigene Lebenssinn so präsent, dass er genau deswegen nicht wahrgenommen wird. Bei mir war es folgendermaßen: Seit über zwei Jahrzehnten bin ich passioniert bei den Themen Sprache, Kommunikation, Zielerreichung, Effizienz, Rhetorik, Denkstrukturen, Coaching, Motivation von Menschen, Produktivität und Erfolg. Ich lese seit ich 10 Jahre alt bin mehr Bücher und Artikel über diese Themenbereiche, als ich jemals in der Schule oder im Studium gelesen habe. Es fasziniert mich seit Langem, dass bereits durch kleine Veränderungen in der Struktur und Kommunikation große Erfolge entstehen. Und dieses Wissen gebe ich gerne seit vielen Jahren weiter.

Und trotz dessen, dass ich mich mit diesen Themen jeden einzelnen Tag beschäftige, hatte ich nicht gesehen, dass genau das mein Lebenssinn ist: *Menschen und Unternehmen zu inspirieren, das Beste aus sich rauszuholen, um ihre Träume zu leben.* Ich war so stark mit dem Lesen dieser Themenbereiche beschäftigt, dass ich den Wald vor lauter Bäumen nicht gesehen habe.

Ein Bekannter von mir, nennen wir ihn Steve, suchte ebenfalls seit mehreren Jahren den Sinn seines Lebens. Er wusste, dass er sehr kreativ ist und auch neugierig genug, immer wieder neue Sachen auszuprobieren. Also versuchte er sich in kreativen Themen. Er ging zum Töpfern, zu Malkursen, zum Steinhauer und irgendwie fand er alles ganz toll. Nur nicht so toll, dass es ihn erfüllte und er das jeden Tag machen wollte. Er suchte weiter und besuchte weitere Kreativ-Kurse, doch fand seinen Lebenssinn einfach nicht. Was Steve dann, nach zwei Jahren intensiver

Suche, verstanden hatte: sein Lebenssinn bestand nicht darin, die eine Sache zu finden, sondern er fand die Erfüllung in der Vielseitigkeit aller kreativen Sachen. Er bloggte darüber und fand eine große Leserschaft. Steve bezeichnet sich selbst als ‚Beginner'. Was er damit zum Ausdruck bringen möchte, ist, dass es zwei Typen von Menschen gibt: Die Beginner und die Beender. Die Beginner sind Menschen, die gerne neue Themen starten und gute, kreative Ideen haben sowie schnell Lösungen finden. Die Beender sind Menschen, die es lieben, eine Sache (zum Beispiel ein Projekt) bis zum Schluss durchzuführen, nachdem ihnen der Grundstein mit einem Projektmandat gelegt wurde. Steve liebt Themen zu starten, sie zu testen und darüber zu schreiben. Das macht er nun seit mehreren Jahren mit Hingabe. Seinen Blog besuchen immer mehr Interessierte – Monat für Monat. Steve ist einer von vielen Bloggern, auf die Unternehmen aufmerksam wurden. Jetzt verdient Steve Geld damit, Produkte zu testen, die ihm die Unternehmen zusenden. Diese Produkte darf er testen und darüber in seinem Blog schreiben. Die Unternehmen bieten ihm also genau das an, was er sich immer gewünscht hat: Seinen Lebenssinn verfolgen und damit seinen Lebensunterhalt zu finanzieren. Steve ist kein Millionär. Und das war auch niemals sein Ziel. Allerdings hat Steve so viel Geld, dass er sich das leisten kann, was ihm wichtig ist. Was allerdings am wichtigsten ist: Steve ist glücklich, mit sich – und seinem Leben.

DEINE GROSSEN DREI LEBENSZIELE

Welches sind die drei Dinge, die du erlebt haben möchtest in deinem Leben?

Eines der inspirierendsten Bücher zu diesem Thema ist von John P. Streckely mit seinem Werk *The Big 5 for Life*. Diese fiktive Geschichte handelt von einem Unternehmer, der wahnsinnig erfolgreich ist und vierzehn Unternehmen in kürzester Zeit sehr profitabel ausgebaut hat. Sein Geheimrezept: Lebe jeden Tag so, als würde er ein Teil deines Lebensmuseums werden.

Die Philosophie dahinter ist simpel: Stell dir vor, deine Freunde, Verwandten, Kunden, Partner, einfach alle Menschen, die du kennst oder denen du begegnest, bauen dir ein Museum. Das Museum ist groß, vierstöckig, mit Räumen voller Bilder und Videos von dir. Die einzige Bedingung: Es zeigt dich genauso, wie du tagtäglich lebst. Jeden Tag. Morgens bis abends. Umarmst du deine Lieben, dann sehen Besucher diese Fotos in dem Museum. Schreist du oft andere Menschen an, dann sehen die Besucher das in dem Museum. Verbringst du 80 Prozent deines Lebens mit einem Job, den du sowieso nicht leiden kannst, dann sind 80 Prozent der Bilder im Museum mit diesem gleichen Motiv ausgestattet. Du, sitzend, mit einem miesen Gesicht, weil du wieder diese blöden Aufgaben erledigen musst! Verbringst du nur 5 Prozent deiner Zeit mit deinen Kindern, hängen auch nur in 5 Prozent des Museums Bilder von dir und deinen Kindern.

An deinem 80sten Geburtstag werden alle Menschen genau dieses Museum betreten und sehen, welch ein Mensch du bist. Wie gefällt dir diese Vorstellung?

Der Punkt dieser Übung ist, sich klarzumachen, was du in deinem Leben wirklich willst. Und sich dann genau darauf zu fokussieren.

Fragen zum Nachdenken

1. Was ist der Zweck deiner Existenz?
2. Was darfst du erleben und erschaffen in deiner Lebenszeit?
3. Worauf wirst du stolz sein, sobald du auf dein Leben zurückschaust?

Jeden Tag so zu leben, als sei es ein Lebens-Museumstag, schärft deinen Fokus, was du in deinem Leben tatsächlich erreichen möchtest. Du siehst bereits das „Zielfoto" vor dir, wie es im Museum hängt. Das kann ein Händeschütteln mit deinem eigenen Idol sein, das kann der erreichte Hochschulabschluss sein, das von dir geschriebene Buch oder dass du endlich mit Stäbchen essen kannst – du entscheidest!

Die *Focus-First*-Strategie konzentriert sich auf deine drei großen Ziele. Das hat genau einen Hintergrund: Fokus. Es ist wichtig, dass du deinen Fokus behältst. Du lebst noch viele Jahre auf diesem Planeten und im Laufe der Jahre können sich auch deine großen Ziele verändern. Damit du mit vollem Fokus deine Ziele erreichst, ist es wichtig, dass du dich auf weniger, dafür die größten Ziele konzentrierst. Fokussier dich auf deine drei großen Lebensziele.

Du erinnerst dich an das *Focus-First-On-Three*-Modell.

Bei genauerem Hinsehen stellst du fest, dass genau diese drei Lebensziele visualisiert sind. Diese drei Dinge sollen so groß sein, dass, sobald du zurückblickst auf dein Leben, du sagen kannst: Ich habe mein Leben gelebt. Das mag eine Weltreise sein, der Trip zum Mars oder einmal einem Erdmännchen bei Mondschein liebevoll über die Plauze zu streicheln. Egal, was es ist, schreibe oder male es auf und werde dir deiner Lebensziele bewusst!

Vor einiger Zeit war ich mit meinem Vater in London. Es war Januar, wir spürten eine kühle Brise in unseren Gesichtern. Die Sonne war schon untergegangen und der Mond schien majestätisch über den Trafalgar Square. Wir gingen in einen urigen englischen Pub. Die Luft war feucht und roch nach Ale. Wir saßen an einem kleinen, braunen Holztisch und bestellten zwei Cidre.

Wir stießen an, und ich fragte meinen Vater: „Was sind deine drei großen Lebensziele? Welche drei Ziele möchtest du in deinem Leben erreicht haben? Drei Ziele, die so groß sind, dass du, wenn du zurückblickst auf dein Leben, sagen kannst: Ich habe alles erlebt, was ich erleben wollte in meinem Leben." Die Antwort kam so schnell wie überraschend: „Das … weiß ich nicht", antwortete er, nahm einen Schluck Cidre und verzog das Gesicht. Nicht wegen der Ziele. Wegen des Cidre. Etwas Zeit verging, bis er antwortete: „Ich habe mich jahrzehntelang so stark auf die Ziele meiner Kinder und Familie konzentriert, dass ich wohl meine eigenen vergessen habe."

Meine Frage brachte ihn weiter zum Nachdenken. Nachdem wir widerwillig unseren Cidre runtergespült hatten und zum nächsten Bier übergingen, sagte er: „Ich denke noch mal darüber nach." Ich schmunzelte und freute mich über seine Bereitschaft, „Morgen Abend frag ich noch mal", sagte ich liebevoll, bevor wir weiterzogen, um die Ecken von London.

Jeder Mensch darf sich bewusst machen, dass er sich neben den Familienzielen auch selbst wichtig nehmen darf.

Was bringt es einer Familie, wenn ihr jeder Wunsch von den Lippen abgelesen wird und sie einen Ehemann und Vater hat, der nicht ausgeglichen und glücklich ist. Das überträgt sich wieder auf die Familie und hat damit der Familienatmosphäre auch nicht geholfen.

Viele Eltern arbeiten jahrelang hart dafür, das nötige Geld zu sparen, um ihren Kindern ein Studium zu ermöglichen. Sie nehmen oft extreme Strapazen auf sich. Haben einen Beruf, der ihnen absolut keinen Spaß macht, sie innerlich auffrisst, allerdings gut bezahlt ist. Und dieses Geld ist eben notwendig für das Studium.

Ich kenne eine Familie, bei der das auch so war. Die Mutter hatte einen sehr gut bezahlten Job, den sie allerdings nicht mochte. Sie fühlte sich nicht wohl. Die Firmenkultur, die Vorgesetzten, die Kollegen – nichts stimmte, außer dem Geld. Ihr Mann hingegen hatte eine Stelle angenommen, die zwar nicht gut bezahlt wurde, ihn dafür erfüllte und glücklich machte.

Ein üblicher Abendverlauf war dann, dass die Mutter viel zu spät nach Hause kam, mit dem üblichen genervten Gesichtsausdruck und der üblichen genervten Stimmung. Ihr Mann war wie immer bereits zu Hause und hatte mit dem Sohn das Abendessen vorbereitet. Er arbeitete nur sechs Stunden am Tag.

Der Sohn freute sich, dass die Familie am Abend wieder zusammen war. Natürlich zeigte er es nicht. Er war dreizehn Jahre alt, wäre ja uncool, Gefühle zu zeigen. Dennoch, innerlich freute er sich jeden Abend auf beide – Vater und Mutter. Am Tisch wurde über den Tagesverlauf geredet. Der Sohn fragte wie immer: „Wie war dein Tag, Mama?", und er erhielt die übliche Antwort: „Wie immer. Firma doof, Chef doof, Arbeit doof, alles doof. Nichts Neues also."

Der Sohn hatte es schon aufgegeben, die zweite Frage zu stellen, warum die Mutter denn dort hingehe, wenn alles so doof sei. Er wusste die Antwort, die er immer erhielt, wenn er diese Frage gestellt hatte: „Damit du es einmal besser haben wirst als ich. Ich möchte, dass du studieren kannst."

Eines Abends kam es zu einem großen Streit in der Familie. Der Sohn teilte seinen Eltern beim Abendessen mit, dass er eine Ausbildung zum Tierpfleger machen möchte. Er liebte es, Tieren zu helfen, und sah darin seine Erfüllung.

Die Mutter war entsetzt: „Bist du denn des Wahnsinns? Das ist was für andere, aber nicht für dich. Du hast Besseres verdient. Mit dem Geld, das wir gespart haben, kannst du Arzt werden", der Sohn jedoch entgegnete ruhig, „Ich will nichts anderes werden. Tierpfleger zu sein ist das, was ich möchte. Auch wenn ich wenig verdiene, ich bewege damit etwas." Die Mutter hörte die Worte ihres Sohnes und bekam einen hochroten Kopf. Hätte man eine Nadel in ihren Arm stechen können, wäre sie sicherlich abgegangen wie ein Luftballon, der in Sekundenschnelle die Luft verliert. Dennoch versuchte sie ruhig, wenn auch zähneknirschend, mit einer Gegenfrage zu antworten: „Wofür bitte, wofür habe ich mich jahrelang krummgelegt, um dir dein Studium finanzieren zu können? Ich habe das doch nur für dich getan!"

Fragen zum Nachdenken

- Wie viele Familien kennst du, bei denen es mehr oder weniger so abläuft, dass die Eltern Jobs annehmen, die ihnen zwar keine Erfüllung, allerdings genügend Geld bringen, um die Ausbildung ihrer Kinder zu finanzieren?
- Handelt es sich nicht um eine natürliche Reaktion des Sohnes in dieser Geschichte?
- Warum sollte der Sohn die Verantwortung dafür übernehmen, dass es der Mutter all die Jahre schlecht ging?

Gerade, weil er die Verantwortung für das Unglücklichsein seiner Mutter nicht übernehmen wollte, hatte er ihr ja gesagt, dass er nicht studieren möchte. Er wollte sich nicht schuldig fühlen, schuldig dafür, dass seine Mutter all die Jahre hindurch vor allem seinetwegen diese Arbeit gemacht hatte oder dass sie mehr Stunden auf der Arbeit und nicht zu Hause verbracht hatte. Mit ihrem Sohn.

Du darfst deine eigenen drei großen Lebensziele erfüllen und so deinen Kindern und anderen Menschen ein gutes Beispiel sein. Du lebst positiv vor, was wichtig im Leben ist.

Lebe dein Leben. Erfülle dir deine Träume, dann erfüllen sich auch die deiner Kinder. Nach ihren eigenen Maßstäben – nicht nach deinen.

Die großen Lebensziele meines Vaters, mit dem ich in London war, durfte ich sogar noch am selben Abend erfahren. Einer seiner größten Wünsche ist es, in Südafrika eine Safari-Tour zu machen. Er möchte die Sonne spüren, die frische Luft atmen, die Einfachheit fühlen und den Tieren in freier Natur zusehen. Er hat es bisher nicht gemacht, weil seine Frau Flugangst hat, und weiß auch, dass seine Frau ihn unterstützt bei seiner Zielerreichung. Und woran hatte mein Vater bisher noch nicht gedacht? Wie gerne seine vier Söhne ihn auf der Reise begleiten.

Du bist im Schnitt ca. 29.000 Tage auf dieser Erde. Wie viele Tage verwendest du davon tatsächlich, um deine Ziele zu erreichen? Stell dir vor, du liegst eines Tages auf deinem Sterbebett und hast noch einen Wunsch frei. Würdest du dich entscheiden, noch einmal Fernsehen zu schauen? Oder mit Bekannten Essen zu gehen, die du eigentlich nicht magst? Sicherlich wirst du das verneinen. Wenn du so entscheidest, dann nutze jeden Tag, um deine Ziele zu erreichen!

Mach dir deine Lebensziele bewusst. Schreib sie auf. Mach sie öffentlich. Leb nach ihnen. Jeder Tag, den du mit Fernsehschauen oder auf der Couch liegend verbringst, raubt dir einen Tag, den du genießen könntest mit deinen Zielen. Fang jetzt an und werde dir deiner drei großen Ziele bewusst!

DEINE STÄRKEN

Manchmal entdecke ich in unserem Briefkasten Lieferdienst-Flyer. Pizza-Lieferdienste, Sushi-Bringdienst und den Schnitzelmann. Oft finde ich darunter auch mal Anbieter, die – obwohl sie sich nur als Pizza-Lieferdienst ausweisen – wirklich alles anbieten: Von Pizza zu Chicken Tikka Masala zu Sushi, Schnitzel, Spaghetti Bolognese und Hamburger. Viel ist viel und Auswahl ist wichtig, denken sich vielleicht diese Unternehmer. Vielleicht fehlt es auch an dem Fokus der eigenen Stärken. Gerade Jungunternehmer gründen ein Unternehmen zunächst aus der Leidenschaft heraus. Sie haben vielleicht ein tolles Produkt erfunden und möchten es jetzt an den Markt bringen. Dann stellen sie fest, dass neben der Produktentwicklung auch noch weitere Themen wichtig sind wie Buchhaltung, Marketing, die erste Website zu bauen, mit den Ämtern zu verhandeln, Kredite zu beschaffen, Finanzpläne auszuarbeiten, Kunden an Land zu ziehen, Business-Pläne zu schreiben.

Da es am Anfang des Unternehmens häufig nur einen Mitarbeiter gibt, und zwar den Jungunternehmer an sich, macht er erst mal alles. Sobald das Konzept steht und die ersten Aufträge reinkommen, gilt es, Mitarbeiter einzustellen, Prozesse und Systeme zu etablieren, um eine Ordnung herzustellen. Ehe sich der Jungunternehmer versieht, ist er nur noch mit administrativen und Führungsaufgaben beschäftigt. Das, worin er allerdings gut ist – Produktentwicklung –, dafür ist keine Zeit mehr. Und das, was anfangs noch ein Abenteuer war – ist nun Routine.

Sicherlich kommt dir das bekannt vor und es stellt für viele Menschen die Normalität dar.

Fragen zum Nachdenken

- Was würde passieren, sobald du dich nur auf das konzentrierst, was dir Spaß macht und in dem du gut bist?
- Dafür Geld bekommst, was deine Passion ist?
- Wie erfolgreich wärst du, sobald du nur noch das machst, was deine Leidenschaft ist?
- Was für Chancen gibt es auf dem heutigen Arbeitsmarkt für deine besonderen Fähigkeiten?

Du darfst lernen, dich auf diese Aufgaben zu fokussieren, die du fantastisch und exzellent beherrschst und bei der du mit Leichtigkeit große Ergebnisse erreichst. Alle anderen Themen verursachen nur Stress für dich und egal wie viel du arbeiten wirst, du stellst fest, dass du einfach nicht fertig wirst. Fokussier dich auf deine Stärken. Du schöpfst Energie aus den Themen, die dir Spaß machen. Es zahlt sich am Ende aus für dich.

Es ist wichtig, dass du die Fähigkeiten, die du exzellent beherrschst, von deinen Fähigkeiten unterscheidest, die du mittelmäßig ausführst. Menschen sind erfolgreich, sobald sie das machen, was ihnen am meisten Spaß macht. Sie sind motiviert, sobald sie mit Herz und Seele – mit Passion – dabei sind. Passion ist etwas Großartiges, mit Passion kannst du dich einer Sache bedingungslos hingeben. Dann ist es für dich eine selbstbelohnende Handlung und keine Arbeit mehr.

Du kannst noch so viele Produktivitätsmethoden erlernen und Selbst-Management-Bücher lesen – wenn du noch nicht die Passion gefunden hast, die dich definiert, ist es schwer für dich, Höchstleistung zu bringen oder vollends motiviert zu sein.

Der Gedanke zum Beispiel, dass dein derzeitiger Job nicht deine Passion ist, ist unbequem. Und es ist gut, dass du dir dennoch darüber im Klaren bist. Vielleicht ist genau bei dir heute der Tag gekommen. Der Tag, an dem du dich entscheidest. Dich entscheidest, das zu machen, wofür du Leidenschaft hast. In der einen Sache, in der du ohne Hilfe und viel dafür zu tun – einfach gut bist. Wie viel besser bist du dann, sobald du dich voll der Sache hingibst?

WIE FINDE ICH MEINEN LEBENSSINN?

Es gibt verschiedene Möglichkeiten, damit du deinen eigenen Lebenssinn findest. Allerdings gibt es nicht die Formel – und es passiert nicht von jetzt auf gleich. Es ist ein Prozess. Eine Möglichkeit, deinen Lebenssinn zu finden, ist, das Thema nüchtern wie bei einer Unternehmensstrategie-Findung anzugehen. In Unternehmen nehmen Strategen dazu folgendes Schema:

Ist-Situation ⟶ (Gap-Analyse) ⟶ **Soll**-Situation

Die Strategen schauen sich zunächst die Ist-Situation an: Wo stehen wir heute mit dem Unternehmen, wo sind unsere Stärken, unsere Schwächen, welche Möglichkeiten und Risiken stehen dem gegenüber. Dann definieren die Strategen die Soll-Situation: Die gewünschte Situation - auch Ziel genannt. Da nun beide Situationen klar definiert sind, überlegen sich die Strategen nun, was alles fehlt, um von der Ist-Situation zu der Soll-Situation zu kommen (= GAP-Analyse).

Was hat das alles mit deinem Lebenssinn zu tun? Nun, alles ist Struktur. Das oben genannte Modell kannst du umbauen zu einem Lebenssinn-Modell:

Wie bei einem Unternehmen überlegst du dir nämlich, wie deine Ist-Situation – dein ‚Heute' ist. Wo stehst du momentan in deinem Leben? Worüber bist du glücklich, was hat noch Verbesserungspotential? Skizziere dich und mach eine Momentaufnahme von dir: du im Hier und Jetzt. Betrachte dabei alle Bereiche, die dir wichtig sind: Beziehungen, Finanzen, Gesundheit, Familie und so weiter. Fass deine „Heute"-Situation bitte in einem Satz zusammen und übertrag diesen in das Focus-First-Strategie-Modell im Anhang.

Nun darfst du dir Gedanken machen über deine Zukunft. Wo möchtest du sein in Zukunft, was beruflich tun? Mit wem zusammen sein? Welchen Familienstatus haben? Welche Finanzsituation haben? Geh wieder durch alle Bereiche und skizziere deine ‚Soll-Situation' – deine Zukunft. Dieser Abschnitt in deinem Leben, in dem du deinen Lebenssinn lebst.

Das ist einfacher gesagt als getan.

Fragen zum Nachdenken

- Welches Problem kannst du auf diesem Planeten lösen, was verbessern?
- Was macht dir so viel Spaß, dass du es umsonst tun würdest?
- Was macht dir so viel Spaß, dass du völlig die Zeit vergisst?
- Wo verspürst du Gipfelerlebnisse?

Du hast Talente und es gibt das eine, oder gar mehrere, was du besonders gut kannst. Das kannst du gut, weil es dir Spaß macht und du es stundenlang, sogar kostenlos machen würdest. Bei dieser Sache vergisst du die Stunden und bist bei der Sache. Was ist das? Was ist diese eine Sache? Diese eine Sache, in der du das machst, was dich erfüllt und worin du automatisch gut bist. Wäre es nicht fantastisch, du könntest diese eine Sache jeden Tag machen und wirst dafür auch noch bezahlt? Vielleicht kannst du mit dieser einen Sache sogar anderen Menschen helfen und deren Leben ebenfalls bereichern. Skizziere jetzt diese ‚Soll-Situation‘, deine Zukunft auf:

Sobald du deinen Lebenssinn in einem Satz fassen kannst, übertrage diesen Satz bitte nun in das *Focus-First-Strategie*-Modell im Anhang dieses Buches. Nun hast du das ‚Heute‘ und die ‚Zukunft‘ definiert. Der nächste logische Schritt ist nun der Weg dahin. Welche drei großen Schritte sind dafür notwendig, damit du deine Zukunft, deinen Lebenssinn, leben darfst? Was sind diese drei Ziele, die dich zu deinem erfüllten Leben bringen? Der Lebensabschnitt, in dem du tagtäglich diese Gipfelerlebnisse verspüren darfst? Genau das findest du in den nächsten Kapiteln heraus. Damit du dich auch in Zukunft an diese Gipfelerlebnisse erinnern möchtest, verändern wir das soeben vorgestellte Strategie-Modell. Wir verändern es so, dass du dich genau an diese Gipfelerlebnisse erinnerst: Das *Focus-First-On-Three*-Modell:

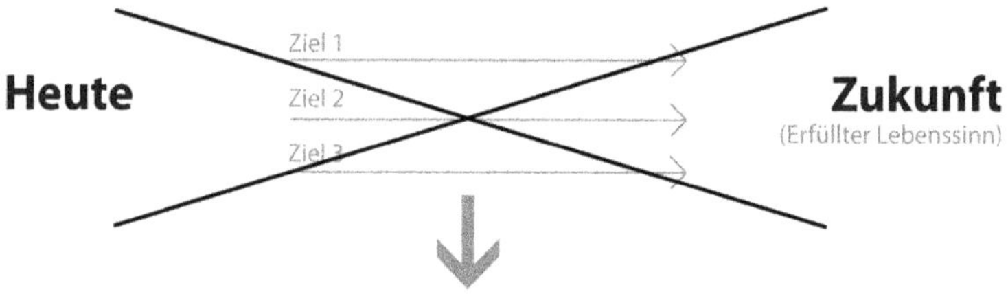

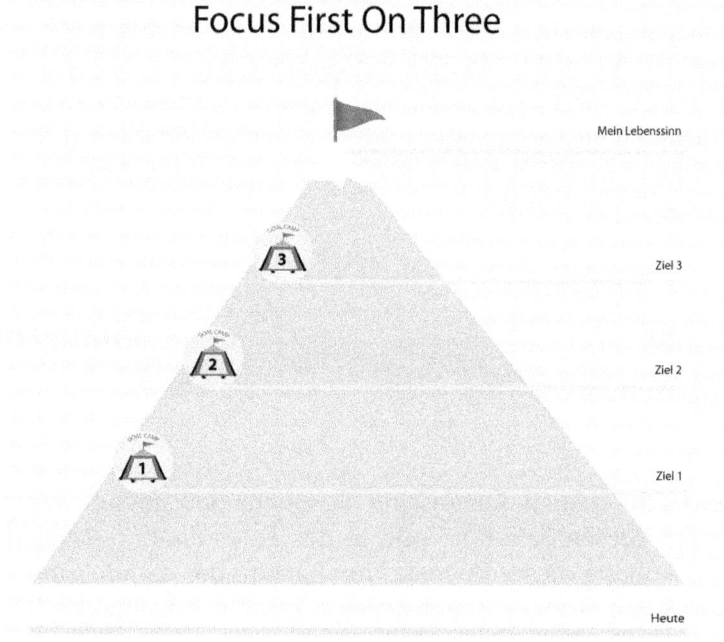

Deine ‚Heute'-Situation ist der Start deiner Gipfeltour. Die drei großen Ziele sind deine Zwischenstationen, auch Goal Camps genannt. Die Gipfel-Spitze symbolisiert deinen ‚Soll-Zustand', deine Zukunft, diesen Lebensabschnitt, in dem du tagtäglich diese Gipfelerlebnisse verspüren darfst. Dein Lebenssinn gibt dir Orientierung, ist deine innere Klarheit.

Natürlich ist der Weg zum Gipfel manchmal beschwerlich. Für manche Abschnitte benötigst du bestimmtes Werkzeug, um eine steile Felswand zu besteigen – oder brauchst einen guten Expertenrat. Nur eins ist sicher: Du erklimmst deinen Gipfel, der Weg nach oben ist definitiv der Richtige. Es ist nicht der Gipfel eines anderen Menschen, es ist dein Gipfel. Jeder Schritt bringt dich näher zu deinem gewünschten Leben. Dieser Weg ist der richtige, auch wenn es anfangs schwer aussieht. Sobald du anfängst und dran bleibst, weißt du, dass sich jede Investition gelohnt hat, sei es Zeit, Geld, Kraft oder Ausdauer. Denn jeder Schritt bringt dich vorwärts – aufwärts. Damit du auf deiner Gipfel-Besteigung motiviert bleibst und an dich glaubst, bauen wir in den nächsten Kapiteln ein solides Nervenfundament – deine mentale Stärke.

ÜBUNG NR. 1: ***Worin bist du automatisch gut?***

A) Was kannst du besonders gut, wo andere Menschen viel länger dafür brauchen?

1. ______________________________

2. ______________________________

3. ______________________________

B) Wo staunen andere Menschen, weil sie darüber begeistert sind, was du mit Leichtigkeit beherrschst?

1. ______________________________

2. ______________________________

3. ______________________________

ÜBUNG NR. 2: ***Deine drei großen Lebensziele.***

Such dir eine ruhige Umgebung und denke über die drei Dinge nach, die du in deinem Leben tun, sehen und erleben willst. Diese drei Dinge, die dein Leben positiv verändern und zum Erfolg machen, die dich erfüllen.

Diese drei Dinge, die dich glücklich machen und nicht andere Menschen wie zum Beispiel Partner, Kinder, Freunde oder Kollegen. Es sind deine, ausschließlich deine persönlichen drei Dinge. Im Nachgang kannst du gerne mit deinem Partner oder Familie zusätzliche Familienziele vereinbaren. Nur jetzt geht es bei dieser Übung einzig und allein darum, was für dich wichtig ist. Schreibe deine Ziele jetzt hier auf und anschließend auf dein Focus-First-Strategie-Modell im Anhang dieses Buches.

1. ____

2. ____

3. ____

Fokus auf das Wesentliche

- Das Geheimnis ist: Verwende den Großteil deiner Arbeitszeit mit Aufgaben, die dir Spaß machen und in denen du gut bist, und delegiere die anderen Aufgaben den Menschen, die in diesen Arbeiten gut sind.
- Mache dir deine eigenen und persönlichen Lebensziele bewusst.
- Mach deine Ziele öffentlich und lebe im Ziel.
- Jeder Tag, den du mit zeitraubenden Aktivitäten verbringst, raubt dir einen Tag in deinem Ziel.
- Finde deinen eigenen Lebenssinn, er gibt dir Orientierung und innere Klarheit – in jeder Situation.
- Du findest deinen Lebenssinn, indem du dich fragst, worin du automatisch gut bist. Es ist diese eine Sache, die dich immerzu motiviert, die du stundenlang, auch kostenlos tun würdest.
- Manchmal ist der Lebenssinn so präsent, dass er genau deswegen so weit weg erscheint.

INTERVIEW FLORIAN SITZMANN

„Es gab für mich kein ‚Aufhören'. Es war klar, ich komm da an."

Florian Sitzmann

VITA

Florian Sitzmann, geboren am 7. September 1976 in Frankfurt am Main, ist ein deutscher Sportler und Buchautor. Bekannt ist er auch für seine Erfolge als Handbiker bei internationalen Wettbewerben wie den Paralympics. Er ist regelmäßig Gast in Talkshows und seit Jahren mit seinen Lesungen und Vorträgen unterwegs.

Im Alter von 15 Jahren verlor Sitzmann bei einem schweren Motorradunfall beide Beine. Er verbrachte rund zwei Jahre in Krankenhäusern, musste sich an die 60 Operationen unterziehen und zwei Jahre Rehabilitationsmaßnahmen in Anspruch nehmen. Im Jahr 2000 begann er, verschiedene (Behinderten-)Sportarten auszuüben.

In den Jahren 2002 bis 2006 war er ein international erfolgreicher Handbiker mit mehreren Titeln als Deutscher Meister, einer WM-Silbermedaille und einer Teilnahme bei den Paralympics 2004 in Athen. Als Höhepunkt seiner Karriere sieht er seine Teilnahme an dem 540 Kilometer langen Styrkeprøven-Rennen im Jahr 2006, das er nach 30 Stunden und 30 Minuten nonstop abschloss. Dieser Rekord blieb 6 Jahre ungebrochen.

Sobald Sie zurückblicken auf Ihr bisheriges Leben, was war das größte Ziel, dass Sie erreicht haben?

Nach der Tatsache, dass ich meinen Unfall bis heute als eine große zweite Chance in meinem Leben betrachte aus der ich täglich versuche das Beste zu machen und damit auch gerne andere Menschen mit meiner Lebensfreude anstecke, sehe ich als größtes erreichtes Ziel meine erfolgreiche Teilnahme an dem 540 Kilometer langen Styrkeprøven-Rad-Rennen im Jahr 2006, das ich als erster Handbiker in der damals 40-jährigen Geschichte des Rennens nach 30 Stunden und 30 Minuten abschloss – ohne zu schlafen versteht sich.

Woher wussten Sie, was Ihr Ziel ist?

Im Jahr 2004 war ich der einzige Handbiker meiner Klasse, der Deutschland bei der Olympiade vertreten durfte. So hat es angefangen. Ich trainierte hart und nahm im Vorfeld an verschiedenen nationalen Ausscheidungsrennen teil, die ich dann alle für mich entschieden hatte. Das war dann die Berechtigung für meine Teilnahme und meine ganz persönliche Empfehlung an den Bundestrainer mich mitzunehmen.

Ich habe dafür gebrannt. Mein Leben war bestimmt vom Sport. Der große Spaß daran stand für mich immer im Vordergrund. Und natürlich hatte ich anfangs auch Idole, die mich motiviert haben und an denen ich mich orientierte. Einige Jahre später war ich dann selbst für einige Jungfahrer das Idol. Das war der Lauf der Dinge und eine große und Ehrenwerte Aufgabe die mich noch stärker machte.

Im Jahr 2002 war ich dann der Newcomer der deutschen Handbike-Szene. Im März wurde ich bei einem Halbmarathon auf Anhieb Sechster – und das, obwohl es meine erste Teilnahme an einem großen Handbike-Wettbewerb war und ich kaum Vorbereitungszeit dafür hatte. Das hat mich im Nachgang so motiviert, dass ich mir dachte, „Euch zeig ich es noch mal."

Ich war damals 26 Jahre alt, ehrgeizig, durchaus eitel und mir hat es gefallen, wie sich auch mein Körper durch das Training definiert hat und ich zunehmend Kraft bekam für die Sache „Ziel erreichen".

Nach diesem Halbmarathon meldete ich mich umgehend für die Deutschen Meisterschaften an. Ein paar Monate und viele Trainingskilometer später kamen sie, die Deutschen Meisterschaften. Im Einzelzeitfahren belegte ich bei sommerlichen 30 Grad im Schatten den zweiten Platz und holte mir die Silbermedaille ab. Im Straßenrennen bekam ich dann das erste Mal Gold um den Hals gehängt und war ab da Deutscher Meister. Vor Kraft strotzend dachte ich mir dann: „OK, mich kann vorerst keiner überholen. Keiner trainiert so hart wie ich und kein anderer kann seinen inneren Schweinehund so oft besiegen wie ich es kann. Ich zeig's euch jetzt." – Da war das Feuer schon lange entfacht. Die Goldmedaille war mein Ticket zur WM und sollte nicht das letzte Edelmetall bleiben. Der Bundestrainer hatte keine Chance mit nicht mitzunehmen.

Im Juni 2002 stand dann gleich der nächste Wettbewerb in Stuttgart an. Durch meine erreichten Siege trieb ich meine Motivation nahezu ins unermessliche und hatte schnell die notwendige mentale Stärke gewonnen immer an mich und meine Kraft zu glauben. Ich trainierte jeden Tag: 42 Kilometer, bergauf, bergab. Jeden Tag. Bei Regen, Sonnenschein und Sturm. Ich brachte meinen Körper oft an seine Grenzen. Dann kam der Tag des Wettkampfes. Ich stand an der Startlinie und sagte zu mir: „Ich habe heute keinen Gegner. Wenn's jetzt gleich knallt, dann starte ich und komm dann auch als Erster an." Ich war voller unbändiger Kraft und habe das Rennen für mich entschieden. Es gab keinen Zweifel, ich wusste, ich werde es gewinnen.

Im September im selben Jahr war es dann so weit: Die Weltmeisterschaft stand vor der Tür. Gerade mal ein halbes Jahr nach meinem ersten Handbike-Wettbewerb sollte ich also gegen internationale starke Fahrer antreten. Seid diesem Zeitpunkt trainierte ich jeden Tag und noch eine Spur härter mit mir selbst. Ich studierte alle WM-Gewinner der letzten Jahre um zu verstehen, wo ihre Schwachstellen lagen und wie sie die Wettbewerbe für sich entschieden hatten. Eines meiner großen Idole war der Österreicher Hans Mayrhofer, der trotz seines schon fortgeschrittenen Alters alle anderen Fahrer in Grund und Boden fuhr. Er war ein Ausnahmetalent und nahm natürlich auch für Österreich an der WM teil. Die 52 Kilometer lange Strecke fuhr ich mit einer Durchschnittsgeschwindigkeit von 39 Stundenkilometern mit Hans zusammen und lief als Zweiter, mit 1,25 Sekunden nach ihm, über die Ziellinie ein – es war ein großartiger Moment. Hans und ich war an diesem Tag ein tolles Team. Eine Deutsch-Österreichische Gemeinschaft sozusagen.

In einem Jahr hatte ich Streckenrekorde aufgestellt, war Deutscher Meister und Vize-Weltmeister geworden. Das war unglaublich für einen damals so jungen Kerl wie mich.

Im Jahr 2003 hatte ich dann als logische Schlussfolgerung meiner Siege den Wunsch, bei Olympia in Athen für mein Land teilzunehmen. Grundvoraussetzung war, dass ich 2003 wieder Deutscher Meister werde. Der einzige Spruch in Richtung des Bundestrainers war an diesem Tag: „Mach dir keine Gedanken. Ich fahr heut' Gold nach Hause. Ich bin motiviert, ausgeschlafen, es regnet wie aus Kübeln, es gibt niemanden der heute seinen Schweinehund besiegt wie ich es kann, Du wirst sehen. Ich hab' jetzt schon keinen Bock auf dieses Sauwetter. Ich fahr die Medaille ins Ziel, mach mich dann wieder auf den Heimweg und leg mich auf die warme Couch". Er kam, sah und siegte. Auftrag ausgeführt!

Im Jahr 2004 gab es dann noch einige Ausscheidungsrennen die ich gewinnen musste. Der SWR begleitete mich als mein damaliger Medienpartner währenddessen und dokumentierte meine Vorbereitungen. Und dann war auf einmal Olympiazeit. Alle Nationen unserer Welt waren gekommen um sich miteinander zu messen. Die Stimmung war grandios. Dann kam mein erstes Rennen. Während des Wettkampfs hatte ich mit ein paar Herausforderungen zu kämpfen. Nichts Neues! Dranbleiben und weitermachen war die Devise. Dann verlor mein Sitzkissen auf dem ich während des Fahrens sitze, das erste mal in meiner Laufbahn als Handbiker plötzlich Luft und ich saß am Ende nur noch auf der Aluplatte des Sitzes. Ich musste eingesehen: Das war's, aus und vorbei! Ich war unendlich enttäuscht. Ich hatte mein Ziel nicht erreicht, weil mein Material – das Sitzkissen – mich beherrscht hatte und ein anderer Plan vorgesehen war. Für mich war das die Katastrophe schlecht hin. Ein Jahr harte Arbeit war in einem Bruchteil von Sekunden zu Nichte gemacht worden. Ich fuhr zurück zum Olympischen Dorf, rief den Sitzkissen-Hersteller an und bat darum, mir ein neues Sitzkissen einfliegen zu lassen das ich für das morgige Einzelzeitfahren nutzen könnte. Am nächsten Morgen hatte ich das neue Sitzkissen in meinem Rad liegen das über Nacht mit dem Flieger ankam. Der Startschuss ertönte und ich startete mit frischem Material in Richtung Ziel. Nach der dritten von fünf zu fahrenden Runden war auch das neue Sitzkissen plötzlich platt. Das war das komplette Aus für Olympia und ebenso mein Motivations-Aus. Ich fuhr nach Athen mit dem klar definierten Ziel, zu gewinnen. Dann machte mir das Sitzkissen einen Strich durch die Rechnung. Ich flog Richtung Heimat. Niemand wartete auf mich, keine Presse, kein Empfangskomitee, nichts. Ich hatte ja auch nichts gewonnen, außer einer Erfahrung die ich nicht machen wollte. Der Sitzmann ist ausgeschieden. Keine Medaille. Ich kam zu Hause an. Nahm mein Fahrrad und schmiss es in die Ecke. Ich würde kein Fahrrad mehr fahren wollen. Niemals wieder. Ich mach' irgendetwas anderes, halte mich anders fit.

So vergingen drei Monate und ich merkte, dass ich mich dringend bewegen muss. Weihnachten war vorbei und ein paar Plätzchen und die Gans waren an meinen Hüften hängen geblieben. Ich wurde unruhig. So fing ich wieder an zu fahren und mich langsam ran zu tasten an meine alte Liebe, das Fahrrad. Ich fahre Fahrrad, weil ich das Fahrradfahren liebe. Weil ich mich aus eigener Kraft zu Orten bringen kann die ich mit meinem Rollstuhl vielleicht garnicht oder nur schwierig erreichen kann. Wie dem auch sei. Nach ein paar Monaten traf ich einen alten Teamkollegen der mir von einem Rennen in Norwegen erzählte. 540 Kilometer, 4500 Höhenmeter einmal quer durch Norwegen. Ich habe mir in diesem Moment nur gedacht „Ja, viel Spaß, mach das mal und quäl Dich schön". Nach ein paar Wochen hat mich der Gedanke, diese Strecke ebenso zu fahren, nicht mehr losgelassen. Meine Wiedergutmachung, meine ganz persönliche Rehabilitation für Athen sollte das werden, der Beweis, dass ich es immer noch draufhabe wie kein anderer.

Dann dachte ich: „4500 Höhenmeter Unterschied, 540 Kilometer am Stück fahren durch ein Land das ich ebenso toll finde wie das Radfahren an sich, auf dem Weg nicht Schlafen." – mein innerer Schweinehund wartet und es ist auch verrückt genug für mich und meinen Plan der Rehabilitation meiner Olympiapleite. That´s it! Ich kann es schaffen! Ich weiß wie es funktioniert und bleibe dran.

Ein Jahr später fuhr ich in 30 Stunden und 30 Minuten von Trondheim nach Oslo und sammelte auch noch knapp zwanzigtausend Euro für mein Mannheimer Kinderprojekt das es bis heute gibt und erfolgreich arbeitet.

Das Erreichen Ihres Ziels auf drei Begriffe beschränkt – welche sind das?

Ziel klar definieren – Dranbleiben – Ankommen.

Was oder wer hat Sie während der Zeit der Zielerreichung begleitet?

Sehr intensiv begleitet haben mich in dieser Zeit meine Familie und meine engen Freunde. Allerdings auch Menschen, die ich vorher nicht kannte. Menschen und Sponsoren, die an mich geglaubt haben und mich nach ihren Möglichkeiten unterstützten. Ein tolles Gefühl.

Vor allen Dingen habe ich aber an mich selbst geglaubt und an die Tatsache das ich es schaffen kann. Dieses Gefühl ist unbezahlbar und bis heute jederzeit abrufbar wenn ich große Dinge beginne für die ich viel Kraft brauche. Ohne dieses Gefühl und diese Zuversicht zu sich selbst, braucht man nichts zu beginnen.

Wie haben Sie es geschafft, Ihre Ziele zu erreichen?

Ziele müssen neben einem Stellenwert und einer Sinnhaftigkeit auch eine größere Bedeutung für mich haben um als echtes Ziel definiert zu werden. Die Sache muss mich als bereichernd ansprechen. Große Bilder und Emotionen die man im Kopf entstehen lässt sind wichtig, auch wenn der Ausgang noch ungewiss ist. Ich stellte mir vor, wie das Ziel erreicht werden kann und war somit schon fast da. Meine Familie und Freunde standen immer hinter mir, das gab mir Kraft. Der Wettbewerbsgedanke ist bei mir sicher auch ausgeprägt. Wichtiger aber noch ist, daraus ein Erlebnis für sich zu machen, dass man abrufen kann wenn man im Nachgang einmal einen Motivationsschub braucht. Das Selbstbewusstsein es schaffen zu können, ist aus meiner Sicht das Wichtigste daran ein Ziel zu erreichen. Habe ich mein Ziel in der Vergangenheit einmal nicht erreicht, hatte der Weg doch immer etwas Bereicherndes und sogar Motivierendes. Kommt ja immer darauf an, wie positiv man das Erlebte für sich verarbeitet!

Wie haben Sie sich motiviert, dranzubleiben?
Dranzubleiben ist die Kunst. Während den Wettkämpfen gab ich alles. Die Handbiker in der Szene kannten sich untereinander. Wir haben uns auch gegenseitig motiviert, dranzubleiben. Auch wenn es während den Wettkämpfen immer wieder Phasen gab, in denen alle Ampeln auf Rot standen. Ich blieb dran. Ja, es tut auch mal weh. Der Schmerz vergeht, aber der erlangte Sieg, manchmal auch nur über Dich selbst bleibt haften und abrufbar.

Was mich neben meinem Ego ebenso immer antreibt ist der Gedanke andere Menschen durch meine Aktionen und mein Tun glücklich zu machen. Das kann das höchste aller Ziele sein. Denn so kann man auch in und mit sich selbst ankommen.

Welche Botschaft haben Sie an die Leser?
Meine wichtigsten Punkte sind: Sich selbst zu vertrauen. Immer authentisch zu bleiben, auch wenn man damit einmal aneckt. An sich selbst zu glauben, Talfahrten als Chance zu sehen. Sich wieder aufzurichten, das Ziel zu fokussieren und weiterzumachen. Alles Nötige ist in einem, um seine Ziele zu erreichen. Andere haben vielleicht scheinbar eine bessere Ausgangsposition und bessere Möglichkeiten, um Ziele zu erreichen. Aber eins ist klar: Glaubt ihr an Euch, strahlt ihr das auch aus und nehmt andere Menschen mit auf Eurem Weg. Es funktioniert immer – egal welche Ausgangslage es auch ist. Der Schlüssel ist man immer selbst und es geht los sobald man an sich glaubt.

Habt Spaß am Leben und macht was draus!
Florian Sitzmann
Nomen est Omen? Ganz sicher!

2. WERTE & GLAUBENSSÄTZE

„Wenn es einen Glauben gibt, der Berge versetzen kann, so ist es der Glaube an die eigene Kraft."

Marie Freifrau von Ebner-Eschenbach

Darauf fokussierst du dich in diesem Kapitel:

- Was Werte und Glaubenssätze sind,
- wie sie dir helfen bei deiner Zielerreichung,
- wie du deine Werte und Glaubenssätze herausfindest.

Werte und Glaubenssätze sind das solide Fundament für deine Zukunft. Stell dir für einen Moment eine schöne Altbau-Villa im Jugendstil vor. Diese Villa wurde auf einem unzerstörbaren Fundament gebaut. Die Villa steht und sie wird einigen Stürmen, Beben und Jahreszeiten trotzen. Sie steht. Solch ein Fundament bauen sich auch starke und erfolgreiche Menschen mit ihren Werten und Einstellungen. Diese Menschen haben ihren eigenen Stil gefunden. Und diesen eigenen Stil verfolgen sie nachhaltig. Keiner kann diesen Menschen reinreden oder versuchen, sie von ihrem Weg abzubringen. Sie trotzen den gut gemeinten Ratschlägen und verführerischen Angeboten. Sie sind standhaft und bekannt für ihre Werte. Menschen folgen Menschen, die eine klare Vorstellung haben und den eigenen Prinzipien treu sind.

Werte und Glaubenssätze sind fest verankert, in jedem von uns. Meistens sind sie geprägt durch die Gesellschaft, die für jeden gelten (sollten). Das sind Werte wie Höflichkeit oder Gerechtigkeit. Und diese Werte sind von Kultur zu Kultur verschieden. Und zwar nicht nur den verschiedenen Länderkulturen, sondern auch allen erdenklichen Subkulturen.

Ein eigenes Werte-Fundament aufzubauen ist wichtig für deine Zielerreichung. Das *Focus First Goal Camp* symbolisiert die Zielerreichung wie ein Zelt. Deine Werte halten dein *Focus First Goal Camp* fest im Boden und geben dir Halt für deine Zielerreichung.

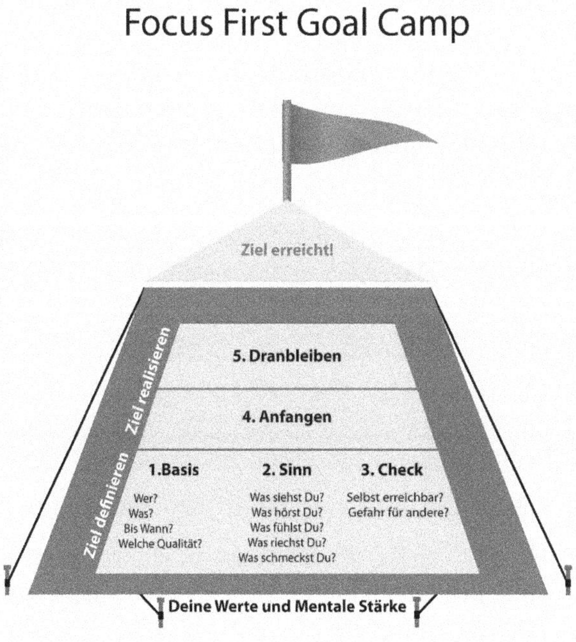

Je bewusster und konkreter du dir deiner Ziele bewusst bist, desto eher weißt du dich selbst zu motivieren. Und zwar so lange, bis du dein Ziel erreicht hast. Fokussier dich zunächst nur auf deine Werte und deine mentale Stärke. Alles andere kommt später.

Jetzt ist nämlich der Moment, den wir nutzen möchten, um uns nur auf dich als Person zu konzentrieren. Blende alles andere aus, was jetzt unwichtig ist. Mach es dir gemütlich und such eine ruhige Umgebung. Deine Werte zu identifizieren und sich darauf zu konzentrieren kann dir Türen öffnen, von denen du noch nicht einmal wusstest, dass sie existieren.

Was sind Werte? Werte und Idealvorstellungen sind individuell ausgelegt. Der Wert ‚Gerechtigkeit' wird vom Papst sicherlich anders interpretiert und verfolgt als die Definition eines Taliban-Kämpfers. Wichtig hier ist es, beobachtend und interpretationsfrei für die verschiedensten Ausprägungen von Werten zu sein.

Jeder Mensch ist einzigartig, denn er wird von verschiedensten Erfahrungen und Menschen geprägt: Durch die Eltern, Verwandte, Freunde, Kollegen, Vorbilder, Vorgesetzte, Kulturerfahrungen aus fremden Ländern, Sportvereine, dem komisch wirkenden Religionslehrer Manfred, mit dem grauen Strick-Pullunder, und Helga aus dem Tante-Emma-Laden um die Ecke.

Menschen prägen Menschen. Und das ist gut so. Gut, sofern du es wie einen Blumenstrauß betrachtest, von dem du dir die schönsten Blumen rauspickst.

Der Punkt ist: Du darfst dir bewusst machen, welche Werte deine Werte sind. Mach dich frei von Idealvorstellungen. Den perfekten Menschen gibt es nicht. Gott sei Dank – buchstäblich. Du kannst nicht eine perfekte Karriere hinlegen als Angestellter, Manager oder Unternehmer, ein perfekter Ehepartner und Elternteil sein, erfolgreich eine Sporttrophäe nach der anderen abräumen und immer erreichbar für Familie und Freunde sein (während du zeitgleich Wale aus den Klauen von japanischen Wilderern im Antarktischen Eismeer befreist). Es ist in Ordnung, nicht alles und immer zu können. Lebe mit dieser Tatsache oder fokussier dich auf die für dich wichtigsten Werte und dann richtig. Nur: Entscheide dich. Hadere nicht mit der Entscheidung. Wichtig ist, zu wissen, wofür du stehst und was dir wichtig ist, und dann in diese Richtung mit Freude zu gehen.

Und bitte sei ehrlich zu dir. Lebe nur nach Werten, die auch tatsächlich ein Bestandteil deines Wertesystems sind. Sei du selbst und sei stolz auf dich. Mit allem was dich ausmacht.

GLAUB AN DICH

Wie oft schaust du dir Talkshows oder Interviews an? Du kannst viel von der Rhetorik, Wortwahl und der Eigenpositionierung der Moderatoren und den Studiogästen lernen. Speziell von Menschen im öffentlichen Leben. Speziell diese Art Menschen, die ruhig und relaxt im Stuhl sitzen und ihre eigene Meinung mit Gelassenheit vertreten. Sie selbst sind – authentisch. Sie reden so, wie sie es für richtig halten – nicht wie es gesellschaftlich der Norm entspricht oder wie die Wähler es gerne von Politikern hören möchten.

> *Souveränität ist das A und O in der Kommunikation. Du bist souverän, sobald du authentisch bist. Du bist authentisch, sobald du weißt, wer du bist und was du willst. Sobald du innerlich klar bist.*

Das ist der Grund, warum es so essentiell ist, dass du deine eigenen Werte und Glaubenssätze kennst und auf Basis derer deine Ziele und Visionen verfolgst, dich dann darauf fokussierst mit allen (legalen) Mitteln. Und dann ist es absolut unbedeutend, falls Menschen an dir und deinen Ideen zweifeln. Manche Menschen machen das, um dich kleiner zu machen, damit sie sich nicht so klein fühlen.

Wahrscheinlich steckt dahinter noch nicht mal eine vorsätzliche oder böswillige Intention. Diese Menschen sind so erzogen worden und leben es heute immer noch. Diese Menschen zu ändern oder darauf hinzuweisen mag eine herausfordernde Aufgabe sein. Souveränität und Gelassenheit ist hier der Schlüssel. Sobald Menschen dich in deinen Fähigkeiten limitieren oder bei deiner Zielerreichung behindern: Sei gelassen und hör weg. Schalte deine Ohren auf Durchzug und lass die limitierenden Aussagen an dir vorbeiziehen.

Es gibt dazu eine schöne Fabel: Der Wettlauf der Frösche. Die Frösche hatten es sich zum Ziel gesetzt, einen hohen Turm aus Steinen zu erklimmen. Davon hörten wiederum andere Frösche und gingen zu dem Spektakel, um sich das anzusehen. Der Turm war sehr hoch und es sah unmöglich aus, dass auch nur ein Frosch es schaffen könnte, da hoch zu kommen. Dennoch sprangen alle Wettlauf-Frösche los, mit dem Ziel, als Erster auf der Spitze des Turms zu sein. Die Publikums-Frösche sahen, wie anstrengend es für die Wettlauf-Frösche war, den Turm zu erklimmen, und riefen im Chor: „Die Armen … sie werden es nie schaffen, da hochzukommen.“ Und tatsächlich gaben die ersten Frösche auf. Die Publikums-Frösche sahen sich bestätigt und riefen weiter: „Die Armen … sie werden es nie schaffen, da hochzukommen.“ Und es gaben immer mehr Frösche auf, außer einem. Dieser Dickschädel hüpfte und hüpfte immer höher. Auch er wurde immer langsamer und die Publikums-Frösche riefen wieder: „Der Arme … er wird es nie schaffen, da hochzukommen.“ Aber der hartnäckige Frosch hüpfte mit größter Anstrengung bis zur Turmspitze. Die Publikums-Frösche und die anderen Wettlauf-Frösche waren außer sich und bejubelten diesen starken und beharrlichen Frosch. Als der selbstbewusste Frosch wieder unten bei den anderen Fröschen war, umringten ihn die anderen Frösche. Sie wollten unbedingt wissen, wie er das gemacht hatte. Einer der Frösche nahm allen Mut zusammen und fragte ihn schließlich, wie er das denn gemacht hatte – da merkten sie, dass er taub war.

Falls du mal auf dem Weg zu deinem Ziel zweifeln solltest: Glaub an dich und geh davon aus, dass du dein Ziel erreichst. Falls du das Gefühl hast, einer Aufgabe nicht gewachsen zu sein, dann mach das mit dir selbst aus und hol dir keine Versicherung oder Bestätigung bei anderen. Dein Selbstvertrauen steigt und fällt mit deinem Glauben an dich selbst. Deine Mitmenschen bewerten dich an deinen Taten, deinen Handlungen und deiner eigenen Haltung zu deinen Zielen. Sobald Menschen sehen, dass du dich voll und ganz auf Erfolg einstellst, nehmen dich die Menschen auch so wahr und unterstützen dich womöglich auch noch bei deiner Zielerreichung.

Strahlst du allerdings Unsicherheit aus, wirst du wenig bis keine Unterstützung erfahren. Das ist auch verständlich: Würdest du einem nervösen und stark verunsicherten Finanzberater dein ganzes Geld anvertrauen? Sei selbstbewusst, glaub an dich und deine Fähigkeiten und suche nicht die Bestätigung bei anderen Menschen. Denn das ist nur ein Zeichen der eigenen Schwäche. Du darfst dir bewusst machen, dass jeder, der etwas Großes erschafft und erreicht, mit Kritik rechnen darf. Das ist ähnlich, wie es früher im Wilden Westen war. Die bösen Jungs wollten sich unbedingt gegen den schnellsten Schützen duellieren. Mach dich frei von dem Gedanken, perfekt sein zu müssen. Geh bitte offen und selbstbewusst mit diesen Schwächen um. Gewöhn dir an, zu handeln und Aufgaben anzunehmen, die dich bis an deine Grenzen bringen, dann wachsen dein Selbstvertrauen immer schneller und der Glaube an dich.

Ruhe in dir selbst, sei wohlüberlegt und lass dich nicht aus der Fassung bringen. Falls du auf etwas nicht antworten möchtest, dann schweig einfach und lächle. Den Druck hältst du aus und wiederhole deine eigene Position wenn nötig. Falls es doch notwendig ist, zu antworten, stell die Gegenfrage: „Warum fragst du?"

Du bist so wie du bist, ob das deinem Gegenüber gefällt, darf dir wenig wichtig sein. Vertrete deine Position und das ohne Umwege. Sei authentisch in jeder Situation. Natürlich finden manche Menschen das unnatürlich und wissen selten, damit richtig umzugehen. Vielleicht polarisierst du auch, doch das ist ok – denn damit machst du dich einzigartig, du positionierst dich und beziehst Stellung.

Wichtig ist, dass du deine Position vertrittst und diese in einfachen Worten übermittelst. Gute Redner wissen, dass es dabei nicht nur auf die Wortwahl ankommt, sondern vor allem auf die Struktur wie Storytelling, Tonalität, Stimme, Körperhaltung und so weiter.

Was macht einen guten Redner aus?
Warum hören manche Menschen einem guten Redner eher zu als anderen?

- *Sie reden simpel in Geschichten.*
- *Sie sind authentisch (Werte).*
- *Sie sprechen alle Sinneskanäle an.*

Manche Menschen glauben, dass Experten nur dadurch anerkannt sind, sobald sie viele Fremdwörter und extrem verschachtelte Sätze nutzen. Fakt ist: Wenn es zu kompliziert wird, steigen Menschen aus. Und das weit früher, als wir denken. Um als Experte oder guter Redner wahrgenommen zu werden, brauchst du nicht kompliziert zu reden. Experten sind die, die das Komplexe simpel erklären können.

Denn was passiert, sobald Menschen kompliziert reden? Nach 30 Sekunden ist Schluss. Sie hören nicht mehr zu und steigen aus, sie fallen in eine kurze Trance und denken jetzt an ihren schönen Sommerurlaub in Südfrankreich, als sie im provenzalischen Garten bei einem trockenen Chateauneuf-du-pape unter einem 1000 Jahre alten Olivenbaum saßen, der genügend Schatten spendete, während sie den Vögel lauschten, und den bunten Schmetterlingen ... Stopp!

Sobald du eine Geschichte erzählst und möchtest, dass dir Menschen zuhören: Sprich alle Sinneskanäle an, erzähl aus deiner persönlichen Ich-Perspektive, kreiere schöne Bilder in die Köpfe deiner Zuhörer. Und vor allem: Sprich in simplen Sätzen. Simple Sätze, klare Strukturen, konkrete Aussagen und Forderungen, das ist das, was Menschen benötigen, um sie zu Handlungen zu bewegen. Und vor allem: Sei so wie du bist, und zwar authentisch.

Nehmen wir mal an, du arbeitest in einem Unternehmen mit vielen Hierarchie-Ebenen. Dein Chef-Chef-Chef-Chef-Chef ist der Geschäftsführer. Nun hast du die einmalige Möglichkeit, dich mit ihm zu treffen. Das erste Mal. Du darfst ihm deine Projektidee vorstellen. Allerdings holst du ihn vorher in seinem Büro ab und begleitest ihn zum Vorstellungsraum. Wie verhältst du dich in der Zeit zwischen der Begrüßung bis zum Erreichen des Vorstellungsraums? Natürlich möchtest du ein tolles Bild abgeben und ihm zeigen, was für ein toller Mitarbeiter du bist. Am besten gleich mal alle Erfolge aufzählen, frei nach: „Mein Team, meine Projekte, meine Erfolge.“ Gleichzeitig noch Marketing für die extrem wichtigen Projekte machen. Ihm erklären, dass du Experte bist und dass deine Marktforschungen ergeben haben, dass die potentielle Kundschaft sich um dein neues Produkt reißen wird und die Cost-Benefit-Analyse einen Break-Even, also die Amortisationsphase, also die ...

Menschen, die hohe Verantwortung tragen, freuen sich auf einfache und simple Sprache. Ja, sicher: Sie vertreten eine Rolle. Diese Rolle gibt ihnen vor (gesellschaftliche Norm), so zu sein, wie es zur Rolle passt. Neben der Sprache lieben sie authentische Menschen. Menschen, die leidenschaftlich an großen Zielen arbeiten. Reiß dich los von irgendwelchen Idealvorstellungen und sei so, wie du bist. Mit Haut und Haaren. Mit allen Konsequenzen. Dich gibt es nur im Gesamtpaket. Und darauf darfst du stolz sein. Überrasch den Geschäftsführer, indem du anders bist – nämlich authentisch – du bist du selbst.

EIGENE GLAUBENSSÄTZE UND WERTE HERAUSFINDEN

Glaubenssätze basieren meist auf den eigenen, verinnerlichten Werten. Was Glaubenssätze sind und wie sie funktionieren: Ein Glaubenssatz ist zum Beispiel: „Das Leben ist … schön." Ein anderer Mensch hat anstatt dem schön vielleicht abenteuerlich stehen und definiert sich dadurch. Es gibt viel zu entdecken und zu erfahren. Glaubenssätze enthalten nämlich versteckte Einstellungen, Werte und Idealvorstellungen. Es hilft deiner Zielerreichung, sobald du dir über deine eigenen Glaubenssätze im Klaren bist. Erst durch deine Glaubenssätze verstehst du deine Art, warum du machst, was du machst.

Durch Glaubenssätze bilden sich dein eigener Stil und Charakter. Vor allem bieten Glaubenssätze Orientierung. Orientierung in einer Welt, die gefüllt von gesellschaftlichen Wert-, Moral und Normvorstellungen ist. Glaubenssätze können dich und dein Handeln beschleunigen und auch entschleunigen auf dem Weg zu deiner Zielerreichung.

„Glaubenssätze sind Meinungen, Verallgemeinerungen und Interpretationen, von denen wir überzeugt sind. Diese Sätze beeinflussen stark unser tägliches Denken, Reden und Handeln", weiß auch Lars Credo, Trainer und Coach aus Deutschland. Credo, dem zahlreiche Wirtschaftsgrößen vertrauen, führt weiter aus: „Sobald du bereit bist, dein Leben positiv zu leben, fang an, die Glaubenssätze für dich positiv zu nutzen. Verändere die Glaubenssätze, die dich einschränken, dich ‚kleinmachen' oder gar depressiv. Es ist viel leichter, als du vielleicht jetzt gerade noch glaubst. Hier ein paar Beispiele:

„Ich verdiene keine Liebe" wird zu *„Ich bin ein wundervoller Mensch und ich finde den Partner, der mich liebt."*

„Wenn man älter wird, wird man halt krank" wird zu *„Ich genieße jedes Jahr und freue mich über meine Gesundheit."*

„Das Leben ist kein Spaß" wird zu *„Das Leben ist ein Geschenk und macht Freude."*

Positive Glaubenssätze unterstützen dich in deinem Leben und helfen dir, die Dinge mit Leichtigkeit zu betrachten.

Von nun an: Jedes Mal, sobald du einen Satz mit „Mir ist es wichtig, dass …" oder zum Beispiel „Ich glaube daran, dass …" oder „Ich bin ein Mensch, der …" hörst – dann halte einen Moment inne und schreibe diesen Gedanken im Nachgang auf. In vielen Fällen war das ein Glaubenssatz, den du unterbewusst schon viele Male verwendet hast. Jetzt möchtest du das auch bewusst machen. Setz dich bitte mit deinen Glaubenssätzen auseinander. Fokussier dich nur auf deine eigenen Glaubenssätze. Warum glaubst du an das eine oder andere? Was ist der Hintergrund und auf was basiert das Ganze?

ÜBUNG NR. 3: ***Deine Glaubenssätze herausfinden.***

1.) In der unten stehenden Übung möchte ich, dass du die Sätze vervollständigst. Es wird dir eine Orientierung geben, welche Ansichten du hast. Interessant ist diese Übung auch, sobald du sie nacheinander mit dem Partner machst und am Ende vergleichst.

Vertrauen ist …

____

Mut bedeutet …

____

Stärke beweise ich durch …

____

Echtheit basiert auf ...

Liebe ist ...

Das Leben ist ...

Freundschaft bedeutet ...

Kreativität ist ...

Pünktlichkeit ist ...

Verlässlichkeit heißt ...

Träume sind ...

Ziele sind ...

Veränderung heißt ...

Gewinnen ist ...

Vergangenheit ist ...

Ich respektiere Menschen, die ...

Die Welt braucht ...

Das Wichtigste im Leben ist ...

Gegenwart bedeutet für mich ...

Hoffnung bedeutet ...

Vielleicht hast du während der Übung schon bemerkt, wie dein Blick auf die Welt ist. Wie siehst du die Welt? Wie sehen andere die Welt? Nutz diese Erkenntnisse.
Sobald du die Liste der Glaubenssätze nun analysierst, wirst du möglicherweise nicht nur positive, sondern auch negative Glaubenssätze vorfinden. Manchmal sind gerade die negativen Glaubenssätze nicht einfach zu identifizieren. Negative Glaubenssätze zu haben ist okay. Heute. Für diesen Moment. Also quasi nur jetzt. Mein Ziel ist es, dir zu zeigen, dass ein positives Denken, Sprechen und Handeln essentiell zu einem erfüllten Leben ist. Mit einer positiven Lebenseinstellung fällt es dir leichter, deine Ziele zu erreichen. Was du schon lange unterbewusst wusstest und zu dir laut sagen darfst: „Ich glaube fest ... an mich!"
Deine Werte und Glaubenssätze definieren dich als Mensch. So wie du bist. Nachdem du deine Glaubenssätze weitgehend identifiziert hast, wollen wir das auch bei den Werten machen.

2.) Schreibe intuitiv drei wichtige Werte für dich auf:

____

____

____

3.) Kreise nun unten drei weitere wichtige Werte ein, die bedeutend für dich sind:

Vertrauen	Verlässlichkeit	Freundschaft
Loyalität	Pünktlichkeit	Freiheit
Authentizität	Gelassenheit	Fleiß
Höflichkeit	Respekt	Gerechtigkeit
Glück	Hilfsbereitschaft	Liebe
Weisheit	Mut	Harmonie
	Leichtigkeit	

4.) Wähle nun die drei wichtigsten Werte aus den Aufgaben 2 & 3 aus und schreibe Sie hier unten auf:

____

____

____

5.) Letzter Schritt: Jetzt priorisiere diese Werte aus Aufgabe (4) von 1–3:

____

____

____

Übertrage bitte deine Werte in das Focus-First-Strategie-Modell im Anhang.

Diese drei Werte sind deine ausschlaggebenden Werte, die dein zukünftiges Leben stark positiv beeinflussen. Sie unterstützen dein Denken und dein Handeln positiv, um deine Ziele zu erreichen. Schreibe deine drei Werte auf das Focus-First-Strategie-Modell im Anhang dieses Buches. Bewahre deine Werte an prominenten Stellen auf: In deiner Geldbörse, als Bildschirmhintergrund, in deiner Wohnung. Du entscheidest. Vor allem: Lebe nach deinen Werten.

Fokus auf das Wesentliche:

- Es ist essentiell für deine erfolgreiche Zukunft, dass du deine eigenen Werte und Glaubenssätze kennst und auf Basis derer deine Ziele und Visionen verfolgst
- Das Prinzip ist einfach: Glaub an dich und deine Fähigkeiten und du erreichst dein Ziel. Ohne Zweifel.
- Sei dir deiner drei größten Werte bewusst. Diese Werte bilden dein Fundament für deine Zielerreichung.
- Nur wer Leidenschaft hat für sein Thema und das Ziel in simplen Worten erklären kann, wird die ganz großen Ziele im Leben erreichen.
- Handele nach deinen Werten, mach dich kalkulierbar und grenze dich ab. Sei du selbst und sei stolz darauf.
- Gewöhn dir an, zu handeln und Aufgaben anzunehmen, die dich auch mal bis an deine Grenzen bringen. Dann wächst dein Selbstvertrauen immer schneller und der Glaube an dich.

3. EIGENE WAHRNEHMUNG

„Der eigene Hund macht keinen Lärm, er bellt nur."

Kurt Tucholsky

Darauf fokussierst du dich in diesem Kapitel:

- Was deine bevorzugten Sinneskanäle sind.
- Wie dein Blick auf die Welt ist & was das über dich aussagt.
- Wie dir dieses Wissen der Wahrnehmung bei deiner Zielerreichung hilft.

Menschen nehmen die Welt verschieden wahr. Manche bevorzugen alles, was sie sehen können, manche, was sie hören, und wieder andere, was sie erlebt haben. Alles schön und gut und was bedeutet das nun konkret? Wir Menschen nehmen Informationen der Welt über unsere fünf Sinneskanäle wahr: Sehen, Hören, Fühlen, Riechen und Schmecken.

Die Sinneseindrücke gehen dabei nicht mit gleichem Gewicht oder gleicher Verteilung einher, sondern jeder von uns präferiert einen oder zwei Sinneskanäle mehr als die übrigen. Natürlich wissen wir, dass es merkliche Sinnes-Überlappungen in unserem Hirn gibt und diese allein aufgrund dessen Sinneseindrücke ineinander übergehen können.

Da du nun weißt, dass Menschen die Welt aus verschiedenen Blickwinkeln wahrnehmen, wäre es doch prima, die gleiche Sprache deines Gegenübers zu sprechen. Die Dinge gleich zu sehen. Der Empfänger der Nachricht fühlt sich schnell verstanden und sieht die Punkte ganz klar, weil sie stimmig und harmonisch für ihn sind.

Bemerkt? Der letzte Satz beinhaltet nämlich genau die drei meistverbreiteten Sinneskanäle: 1) Sehen, 2) Fühlen und 3) Hören. Schauen wir uns den Satz nochmals etwas genauer an:

„Der Empfänger der Nachricht fühlt sich schnell verstanden und sieht die Punkte ganz klar, weil sie stimmig und harmonisch für ihn sind."

Jeder Satz beinhaltet zwei Sinneskanal-Reizwörter.

- Fühlen: *fühlt, verstanden,*
- Sehen: *sieht, klar,*
- Hören: *stimmig, harmonisch.*

Sobald du diese Struktur verstehst, redest du noch intensiver mit deinen Gesprächspartnern. Weshalb ist das wichtig? Sobald du deine Ziele kommunizierst oder dir selbst vorstellst, ist es wichtig, dass deine Mitmenschen dein Ziel verstehen. Und zwar genauso, wie du es dir konkret vorstellst. Mit allen Sinnen. Außerdem ist es eine wichtige Basis für die Definition deines Ziels. Schau dir das Goal Camp an.

Focus First Goal Camp

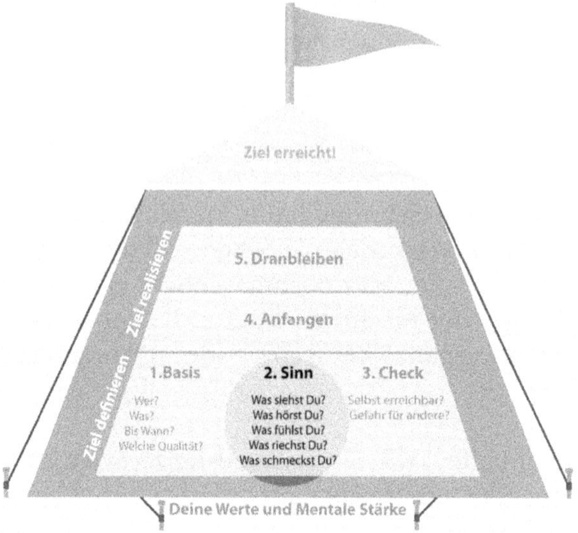

Im Punkt 2 findest du die Information, dass für eine gute Zieldefinition alle Sinne angesprochen sein dürfen. In diesem Kapitel wollen wir uns ganz auf dieses Thema fokussieren und es verstehen lernen.

Sobald du das Bild der Zielerreichung so real wie möglich werden lässt, und zwar mit allen fünf Sinnen, dann hast du deinen wichtigsten Bestandteil erfüllt. Einen Bestandteil, der dein Ziel so groß macht, dass das Verlangen, dieses Ziel zu erreichen, dir viel Kraft und Energie spendet.

DEIN BEVORZUGTER SINNESKANAL

Menschen nehmen die Welt verschieden wahr. Manche Menschen sehen lieber vorher etwas, bevor sie bereit sind, „Ja" zu sagen. Andere Menschen wiederum sind zufrieden, sobald ihnen mündlich erklärt wird, worum es sich handelt. Warum ist das so, und was hat das mit meinem Ziel zu tun?

Jeder Mensch hat, wie bereits vorgestellt, fünf Sinne, mit denen er die Welt wahrnimmt. Das Zusammenspiel und die Technik dieser Sinneskanäle sind einfach zusammengefasst in dem VAKOG-Modell. VAKOG steht als Akronym für die Anfangsbuchstaben unserer fünf Sinneskanäle und zwar:

V isuell (alles, was du siehst),
A uditiv (alles, was du hörst),
K inästhetisch (alles, was du fühlst),
O lfaktorisch (alles, was du riechst),
G ustatorisch (alles, was du schmeckst).

Jeder einzelne dieser Sinneskanäle kann trainiert und ausgebaut werden. Das Trainieren der Sinne ist wichtig für deine Zielerreichung. Tatsächlich darfst du bei dem Training auch nur wahrnehmen, das heißt, nur beobachten und nicht gleich die beobachtete Situation bewerten oder Vermutungen anstellen. Konkret ist damit gemeint, dass, sobald du in einem Café sitzt und Menschen beobachtest, du auch nur beobachtest. Das ist einfacher gesagt als getan. Wir Menschen tendieren dazu, jede Beobachtung zu bewerten und ihr einen Sinn zu geben.

Die natürlichen und präferierten Sinneskanäle drücken sich vor allem in der Wahl der Wörter aus, die wir nutzen. So ist es für dich möglich, bei einer Unterhaltung herauszufinden, welches deine präferierten Sinneskanäle sind und die deines Gegenübers.

Die VAKOG-Technik zu beherrschen bringt dich weit. Dein Gegenüber spürt, dass ihr die gleiche Sprache sprecht. Du stellst Rapport her mit deinem Gesprächspartner – über Worte. Das ist allerdings nur ein Bestandteil. Interessant ist es, mehr auf die Struktur einer Nachricht zu achten als nur auf den Inhalt.

Körpersprache und Stimme sind ausschlaggebend für eine gute Kommunikation und um zwischenmenschliches Vertrauen herzustellen. Wenn jemand mit herunterhängenden Schultern, leiser Stimme und ohne Körpereinsatz sagt, dass er sich gerade ein Loch in den Bauch freut, ist das unglaubwürdig. Davon ganz abgesehen, dass es sicher auch nicht schön aussieht – ein Loch im Bauch.

Damit du die präferierten Sinneskanäle herausfinden kannst, findest du unten eine Sammlung von Wörtern und Redewendungen, sortiert nach Sinneskanal. Diese helfen dir, die verschiedenen Sinneswörter besser wahrzunehmen während des Gesprächs.

Sinneskanal	Sinneswörter
Visuell (Sehen)	*Horizont, Sichtweise, aufblitzen, sich anschauen, sich vorstellen, etwas in Aktion sehen, schwarzsehen, Einblick, deutlich, sich ausmalen, neblig, schauen, Licht ins Dunkel bringen, Überblick bekommen, einen Blick erhaschen, einen Tunnelblick haben, ein Licht aufgehen, vor dem geistigen Auge sehen, erscheinen, verschwommen, Bild, hell, klären, Licht, leuchten, beobachten, blau, dunkel, abzielen, kurzsichtig, glänzend, farbig, Perspektive, visualisieren, klar*
Auditiv (Hören)	*zuhören, diskutieren, von etwas hören, sich sagen, hören, besprechen, taub, sich fragen, sagen, hört sich gut an, laut, überhören, den Mund halten, klingen, erwähnen, gehört werden, widerhallen, harmonisch, nachfragen, Lärm, klingt überzeugend, Harmonie, die Ohren volljammern, stimmen, infrage stellen, Dialog, stimmig, Stimmung, Rhythmus, im Einklang sein, musikalisch, Ton, Missklang, schweigen, lauschen*

Sinneskanal	Sinneswörter
Kinästhetisch (Fühlen)	*Tun, Sinn machen, fühlen, warm, leiden, mit etwas arbeiten, testen, spüren, Tabula rasa machen, umdrehen, auf den Nerv gehen, Druck, konkret, anrühren, begreifen, berühren, ein Stein vom Herzen fallen, Hals über Kopf, gerührt, mit etwas in Kontakt sein, sensibel, haarscharf, durchschlüpfen, spannend, feucht, Verbindung, ich kann dir nicht folgen, bewegen, fest, glatt, auf dem Teppich bleiben, hart, verschlossen, etwas einfädeln, offen, weich, die Karten auf den Tisch legen, ausprobieren*
Olfaktorisch (Riechen)	*riechen, stinken, nach Ärger riechen, duften, das stinkt mir, immer der Nase nach, die Nase rümpfen, Naseweis*
Gustatorisch (Schmecken)	*bitter, scharf, faden Beigeschmack, schal, Geschmack, sauer, süß, schmecken, schlecht werden, sauer aufstoßen, schlucken*

Die meisten Menschen bevorzugen zwar einen bestimmten Sinneskanal – dieser wird nur nicht ständig und für jede Situation verwendet. Tatsächlich ist es die jeweilige Situation, die entscheidend ist. Redet dein Gesprächspartner zum Beispiel über seine letzte Skireise im letzten Winter und wie er sich dabei in seine Traumfrau verliebt hat, dann wird er sicherlich mehr *Fühlen* als *Sehen* verwenden.

Sprich den jeweiligen Sinneskanal an, den dein Gegenüber zuletzt verwendet hat. Damit stellst du Rapport zu deinem Gesprächspartner her. Der Charme an dieser Technik: Du brauchst nicht die Präferenz herauszufinden oder dir diese Sinneskanal-Präferenz von jedem Gesprächspartner merken. Die Verpackung der Sätze in die präferierten Sinneskanäle ist überaus hilfreich, um schnell auf den gleichen Nenner mit deinem Gegenüber zu kommen.

> *Beobachte die Struktur, blende den Inhalt aus.*

Viele Beziehungen könnten besser laufen, sobald Paare wissen, dass Menschen verschiedene Sinneskanäle haben. Während zum Beispiel der Mann den „Hören"-Kanal bevorzugt, präferiert sie den „Fühlen"-Sinneskanal. Der Ärger ist vorprogrammiert.

Während sie sich mehr Zärtlichkeiten und eine feste Umarmung wünscht, reicht für ihn ein „Ich liebe dich". Das kriegt er allerdings nicht oft genug zu hören, da sie sich lieber durch eine Umarmung und einen zärtlichen Kuss ausdrückt. Wäre es nicht fantastisch, dieses Wissen mit in die Partnerschaft zu nehmen?

Sobald du dir dieser Technik bewusst wirst, bemerkst du, wieso manche Situationen in eine bestimmte Richtung laufen. Das Gute ist: Du weißt jetzt, warum und wie du es schaffst, durch die Nutzung der präferierten Sinneskanäle deines Gegenübers die Situation wieder in die richtige Richtung zu bringen.

MODELL VON DER WELT – DEIN BLICK AUF DIE WELT

Als du geboren wurdest, kam nicht nur ein kleiner Körper auf diesen Erdball, sondern mit ihm eine unbeschriebene weiße, große, imaginäre Landkarte. Die Landkarte ist quasi wie eine leere Festplatte – du kommst werte- und vorurteilslos auf diesen Planeten. Es ist deine Landkarte, die bemalt, beschrieben und bearbeitet werden darf mit deinem Wissen und deinen Erfahrungen, die du in deinem Leben sammeln darfst als Mensch.

Es ist deine persönliche „Lebens"-Landkarte, keiner wird sie je zu Gesicht bekommen und dennoch ist sie präsent, groß und farbenfroh. Deine Lebens-Landkarte ist ständig in Bearbeitung, manches Wissen wird nur kurz auf deiner Lebens-Landkarte sein – manches steht da für immer. Manche Eindrücke und Lebenssituationen sind riesig, manche nur klein.

Keine Lebens-Landkarte gleicht einer anderen, jede ist einzigartig. Denn jeder Mensch darf eine andere Erziehung genießen, andere Vorbilder, andere Zeitepochen, Kulturen, Orte, Klima, Freunde, Berufe, Familie, Haustiere, Bücher, die gelesen wurden. Jede Lebens-Landkarte ist ein einzigartiges, nicht kopierbares Einzelstück. Kannst du dir vorstellen, wie groß Deine Lebens-Landkarte ausgedruckt wäre?

Und wenn du dir deine Lebens-Landkarte so vorstellst vor deinem inneren Auge: darfst du dir bewusst machen, dass alles was du nun vor dir siehst, dein persönlicher und absolut einzigartiger Blick auf die Welt ist. Dein Modell von der Welt. Und zwar nur deins. Nichts davon ist falsch oder richtig – denn alles, was auf deiner Lebens-Landkarte ist, ist deine individuelle Erfahrung und Wahrnehmung. Deine eigene Repräsentation der Welt.

Sobald du nun deine Lebens-Landkarte betrachtest, darfst du dir die Frage stellen: Wie sieht die Lebens-Landkarte deines Partners, deiner Familienmitglieder, deiner Freunde, deiner Kollegen oder deines Vorgesetzten aus? Das kann keiner beantworten. Nur eins ist sicher: absolut anders. Selbstverständlich wird es viele gleiche Bilder und Worte auf der Karte geben, die gleich sind. Und es wird auch sehr viele Bilder geben, die extrem anders aussehen. Wo bei dem einen eine Haifischexpedition am Great Barrier Reef der größte Kick des Lebens war, ist es für den anderen der Kauf der schwarzen Märklin-Modelleisenbahn „Schwäbischer Held" Typ 293 gewesen.

Da jeder Mensch sein Modell von der Welt hat, ist es wenig verwunderlich, dass es hier und da zu unterschiedlichen Meinungen kommt. Das ist okay und in Ordnung.

Nimm dir diese Vorstellung der verschiedenen Lebenskarten mit in deine nächsten Wochen. Sobald du nicht einer Meinung bist mit jemandem: Hab ein großes Herz. Sobald Bekannte, Kollegen oder Freunde etwas tun, das dich früher noch enttäuscht oder genervt hätte – atme durch und lächle. Falls dir jemand einen ungefragten Tipp gibt: Atme, lächle und bedank dich für den

Tipp. Und mein es auch so. Der Ratschlag kam von einer Person, die ein anderes Modell der Welt in sich trägt – eine andere Lebenskarte hat als deine. Verständlich, dass auch Meinungen und Ideen da in verschiedene Richtungen gehen dürfen.

Fragen zum Nachdenken

- Ist es nicht erstaunlich, wie viel wir mit Menschen gemeinsam haben, trotz der unterschiedlichen Lebenskarten?
- Wie oft wir einer Meinung sind, trotz der unterschiedlichen Erfahrungen, die wir alle in unserem Leben gemacht haben?

Auch wenn andere Personen in deinem Umfeld Entscheidungen treffen, die für dich nicht nachvollziehbar sind, darfst du dich daran erinnern, dass jeder Mensch eine andere Lebenskarte besitzt. Und auf dieser Lebenskarte basiert der Mensch seine Entscheidung. Jeder Mensch hat immer die Intention, die beste für ihn mögliche Entscheidung zu treffen. Für dich mag diese Entscheidung vielleicht absolut unlogisch sein, und sie wurde dennoch auf Basis der bestehenden Lebenskarte gefällt. Was du machen darfst, ist, diesem Menschen zu helfen und seine Lebenskarte zu erweitern. Dann treffen diese Menschen auch die besseren Entscheidungen in Zukunft – falls es denn „die bessere" gibt. In Afrika gibt es dazu ein passendes Sprichwort: „A manager gives his employees a fish every day – a leader shows them how to fish." Ein Vorgesetzter gibt seinen Mitarbeitern jeden Tag einen Fisch – Eine wahre Führungskraft allerdings zeigt seinen Mitarbeitern, wie sie selbst angeln können. Es bedeutet sinngemäß, Menschen zu helfen, damit sie in Zukunft eigenständig sind.

Menschen brauchen auch nicht immer einer Meinung zu sein. Du darfst entspannt sein, falls andere Menschen nicht deine Meinung teilen. Das bedeutet nicht, dass du unrecht oder recht hast. Verabschiede dich von diesem Gedanken. Es gibt nicht die eine Wahrheit. Es kommt immer auf die Perspektive, den Blickwinkel – die Lebens-Landkarte an.

Schau dir bitte die Tasse auf dem Bild an.

Stell dir vor, die Tasse steht auf der Mitte des Tisches, direkt vor dir. Für dich ist der Henkel auf der rechten Seite. Für die Person auf der anderen Seite des Tisches ist der Henkel auf der linken Seite. Für die Person, die links neben dir sitzt, gibt es gar keinen Henkel und sie wird sich denken, sobald über den Tassen-Henkel gesprochen wird: „Sind die beiden noch ganz sauber? Da ist doch gar kein Tassen-Henkel."

Verschiedene Meinungen zu haben ist von nun an eine Chance, deine eigene Lebens-Landkarte zu erweitern und die deiner Mitmenschen. Nimm verschiedene Meinungen als Entwicklung wahr. Ab heute ist es eine Möglichkeit, zu lernen. Frag nach dem Hintergrund – frag nach dem Hintergrund der Meinung. Vielleicht stellst du fest, dass die Tasse dann doch einen Henkel hat.

ÜBUNG NR. 4: ***Was ist dein bevorzugter Wahrnehmungskanal?***

Mach die folgende Übung zusammen mit einem guten Freund. In der Übung geht es nach dem Lesen der Geschichte darum, dass du einen Ort mit deinen eigenen Worten beschreibst. Dein Freund hat die Aufgabe, nur auf deine Wortwahl zu achten, sobald du die unten stehende Geschichte fertig gelesen hast.
Dein Freund wird sich Notizen machen, welche Sinneswörter du während deiner Ortsbeschreibung verwendet hast. Am Ende geht ihr die aufgeschriebenen Wörter durch und findet den präferierten Sinneskanal heraus. Du hast keinen Freund in der Nähe? Das ist okay. Alternativ klick auf deinem Smartphone auf „Diktiergerät" und nimm dich selbst auf.
Und nun möchte ich, dass du tief durchatmest. Langsam einatmen. Langsam ausatmen. Stell dir jetzt folgende Situation vor:

Du liegst in deinem Bett in deinem Schlafzimmer. Du schläfst. Es ist 3:30 h. Stockdunkel. Kein Ton. Es ist angenehm warm unter der Bettdecke. Dann: Du hörst ein lautes Krachen. Schritte. Du fühlst die Vibration von rennenden Menschen. Die Schritte nähern sich. Plötzlich knallt deine Schlafzimmertür auf. Vier schwarz uniformierte Menschen brechen in dein Schlafzimmer ein. Sie reißen dich vom Bett. Einer bindet dir ein schwarz geflochtenes Bergsteiger-Seil um deinen Körper. Du spürst, wie es enger und enger gezogen wird. Dann hörst du ein lautes Klacken.

Ein großer metallener Karabinerhaken hängt jetzt an dem Seil, das um dich gebunden ist. Ein erneutes „Klack“ verbindet dein Seil mit einem weiteren dicken grünen Seil. Die Einbrecher rufen wild in einer dir bekannten Sprache, es ist Spanisch. Sie gestikulieren wild. Dann – ein wuchtiger Ruck und du wirst heftig und mit lautem Knallen aus dem Bett gezogen. Durch den Flur und direkt aus dem nächstgelegenen Fenster gerissen. Dann – schwarz. Dunkel. Alles still und schwerelos …

Als du deine Augen langsam wieder öffnest, befindest du dich an einem Ort, an dem du noch nie warst. Du stehst auf und orientierst dich. Du bist mitten im Dschungel ausgesetzt worden.

Aufgabe

Dein Freund stellt dir anschließend folgende Frage und schreibt alle Sinneswörter dabei auf, die du verwendest bei deiner Beschreibung:
Frage: „Sieh’ dich um, versuch die Geräusche wahrzunehmen, was fühlst du? Was riechst du, was schmeckst du?“

Verwendete Sinneswörter:

Sehen

____

____

Hören

____

____

Fühlen

____

____

Riechen

Schmecken

Fokus auf das Wesentliche

- Menschen nehmen die Welt verschieden wahr und haben präferierte Sinneskanäle.
- VAKOG steht als Akronym für die Anfangsbuchstaben unserer fünf Sinneskanäle (Visuell, Auditiv, Kinästhetisch, Olfaktorisch, Gustatorisch).
- Um schnell eine Verbindung zu deinem Gesprächspartner herzustellen, sprich immer den jeweiligen Sinneskanal an, den dein Gegenüber zuletzt verwendet hat.
- Beobachte die Struktur, blende den Inhalt aus.
- Aufgrund von Erziehung, Kultur und vielen weiteren Faktoren hat jeder Mensch ein individuelles Modell von der Welt.
- Es gibt kein „richtig" oder „falsch", sondern nur Feedback auf Basis des eigenen, individuellen Blicks, den Menschen auf die Welt haben.
- Es ist okay, dass Menschen verschiedener Meinung sind. Es ist okay, wenn Menschen nicht dein Ziel unterstützen. Denn es passt vielleicht nicht in ihr Weltbild. Es passt nicht in ihr Modell von der Welt. Das heißt allerdings nicht, dass dein Ziel „falsch" ist. Es ist deine eigene Entscheidung und basiert auf deinem Modell von der Welt. Nicht mehr. Nicht weniger.

INTERVIEW ANDREAS FÖLLER

„Das ultimative Lebensziel ist die Akkumulation möglichst vieler glücklicher Momente in deinem Leben."

Andreas Föller

VITA

Arzt und Ökonom mit über 20-jähriger Beratungserfahrung in der Top-Management-, dann Personalberatung; zuletzt Managing Partner Europe bei Heidrick & Struggles. Zuvor hatte er von 1990 an für die führende Strategieberatung europäischen Ursprungs (Roland Berger und Partner) in den Büros München und Tokio gearbeitet. In nur vier Jahren wurde er dort vom Berater zum Principal und zum Mitglied der Geschäftsleitung befördert. Dr. Föller ist Lehrbeauftragter für Wirtschaftsethik der Ludwig-Maximilians-Universität München sowie Mitglied des Kuratoriums der Bayerischen Elite-Akademie.

Sobald Sie zurückblicken, was war Ihr großes Ziel?

Mein Ziel war und ist es, mit Comites die perfekte Expertensuche auf dem Markt zu etablieren. Ich möchte das derzeitige Headhunting-Geschäft auf eine ganz andere, höhere Ebene führen. Weiter möchte ich, dass Comites auch dafür bekannt ist und genauso auch von außen wahrgenommen wird. Weg von dem unprofessionellen, manchmal schon unethischen Headhunting-Geschäft hin zur professionellen Expertensuche. Zum Qualitäts-Partner am Markt, zum Partner für Fragen des Top-Managements. Zum Garanten für langfristige Wertsteigerung durch das richtige Führungsteam.

Man muss das Potential haben, höchste Qualität zu erreichen. Ferner muss man diese Qualität auch immer bringen. Sodass es nicht zwischen top und grottig pendelt, sondern zwischen super gut und sehr gut. Und drittens ist es wichtig, dass die Leute, die einem wichtig sind, über Comites positiv reden und sagen „Wow, das war ein gutes Projekt."

Kurz: Wenn du eine professionelle Suche haben willst, dann gehst du zu Comites. Das war, ist und bleibt mein Ziel.

Heute ist Comites an fünf Standorten vertreten: Boston, Charlotte, Tokio, Perth und München und entwickelt sich prächtig.

Wann haben Sie das erste Mal gemerkt, dass Sie das Ziel erreichen wollen?

Schon bereits als ich im zweiten Jahr meiner ersten Beratungstätigkeit war. Mittlerweile bin ich 25 Jahre in der Beratung. Anerkennung vom Klienten ist für mich ein ganz großer Antrieb und dann kommt noch der eigene Ehrgeiz hinzu, das gut zu machen, was man anfängt. Es sind also zwei Faktoren für mich. Zum einen ist es der extrinsische Faktor: Lob und Anerkennung, und der intrinsische Faktor: Ich will gut sein.

Ich habe mein Ziel nicht unbedingt transparent gemacht. Ich habe sehr wenig nur darüber erzählt in meinem Umfeld. Ich habe einfach gemacht und habe angefangen. Das Einzige, was das Umfeld gesehen hat, war, dass ich meinen Job gekündigt habe. Der größte Motivator, meinen Job zu kündigen, war, dass ich schnell gemerkt habe, dass ich bei meinem derzeitigen Arbeitgeber das Qualitätsniveau, das ich mir vorgestellt habe und unbedingt erreichen wollte, niemals realisieren konnte. Dafür war das Headhunting-Unternehmen einfach zu groß und zu inflexibel.

Nach außen bin ich dann nicht weg von meinem Arbeitgeber mit dem Ziel, die perfekte Suche zu etablieren, sondern mit dem Ziel, selbstständig zu sein und etwas Eigenes auf die Beine zu stellen. Daher kannte mein Umfeld gar nicht mein Ziel.

Was oder wer hat Sie während der Zeit der Zielerreichung begleitet?

Jetzt müsste ich sagen, meine Frau, meine Familie oder meine Mama. Würde es aber nicht ganz treffen. Im Großen und Ganzen bin ich Einzelkämpfer und habe um mich herum einige Freunde, die ich seit 30 bis 40 Jahren kenne, die dann für mich da sind. Sie sind für mich da, wenn ich ein Problem habe.

Das Erreichen Ihres Ziels auf drei Begriffe beschränkt – welche sind das?

Anstand. Konsistenz. Fleiß.

Wie haben Sie es gemacht, Ihr Ziel zu erreichen?

Erstens, ich hatte bereits ein existierendes Netzwerk, was ich teilweise mitnehmen konnte. Zweitens behauptet mein Netzwerk, dass ich vertrauenswürdig, ehrlich und intelligent bin.

Drittens, Fleiß und Engagement. Es geht um das Immer-wieder-Aufstehen, immer einmal mehr, statt in den Seilen zu hängen. Auch bei Rückschlägen positiv nach vorne zu schauen. Immer weiter, weiter, weiter.

Mein Ziel war es, von meinem vorherigen Arbeitgeber wegzukommen und etwas zu machen, was mich selbst definiert als Mensch. Ich wollte etwas machen, wofür ich stehe, etwas Vertrauenswürdiges, etwas Wertschätzendes. Die Grundstruktur meines Unternehmens, so wie wir heute dastehen, ist genauso wie ich es mir vorgestellt habe. Nur am Tempo mangelt es etwas.

Das Ziel hatte ich ganz klar und deutlich im Kopf und wenn es um Zahlen ging, dann habe ich es niedergeschrieben.

Wie haben Sie sich motiviert, dranzubleiben?

Ja, ich leiste gerne, ich strenge mich an. Ich arbeite sehr strukturiert und effizient. Von einem Freund habe ich mal einen schönen Spruch gehört, den ich auch für mich verwende: „Ich stehe morgens immer um 6 auf und gehe sofort ins Büro, weil ich leider kein Genie bin. Ich habe das alles nur erreichen können, weil ich fleißig bin."

Ich bin leider Gottes auch nicht das Genie, was ich sein will, daher muss ich wohl auch früher als andere aufstehen.

Selbstkritisch muss ich auch als Motivation die Angst vor dem Scheitern anerkennen. Angst vorm Hinfallen. Auch das ist für mich ein starker Treiber. Sozusagen die negative Motivation. In den letzten Jahren – ist es das Alter, ist es der Erfolg? – nimmt die positive Motivation eine immer stärkere und bedeutendere Rolle ein. Konsistent dranzubleiben und die gleiche Qualität auf einem Level zu halten ist eine große Herausforderung, die ich mir immer gerne wieder stelle. Und die mit Abstand stärkste Motivation, alle andren Faktoren weit überlagernd: Was gibt es Schöneres, als Kandidat und Klient glücklich zu machen. Und mit einer optimalen Besetzung gelingt genau das. Der Kandidat fühlt sich wohl, macht eine viel bessere Karriere als bei seinem alten Arbeitgeber und der Vorstand oder der Aufsichtsrat unseres Klienten ist glücklich, weil er merkt, dass sein Unternehmen optimal geführt wird und daher langfristig noch viel erfolgreicher sein wird.

Welche Botschaft haben Sie an die Leser?

Ich würde zwei Tipps auf den Weg geben. Erstens: Du kannst alles erreichen, was du willst. Diese amerikanische Haltung ist wahr und nicht wahr. Die Kunst des Lebens ist, zu finden: 1) Was kann ich erreichen und 2) was sind Ziele, wo ich wie Sisyphos immer daran scheitern werde? Ja, ich kann, auch wenn ich nicht so viel Talent habe, trotzdem Fußballnationalspieler werden. Wenn ich hart trainiere, aber wenn meine physische Beschaffenheit, z. B. fehlende oder behinderte Beine, das nicht zulässt oder mein Balltalent sich im Bereich der unteren 20 % des Bevölkerungsdurchschnitts bewegt, dann werde ich das Ziel, Nationalspieler zu sein, nie schaffen.

Die Kunst des Lebens ist es, motivierende Ziele zu setzen. Ziele, bei denen ich eine Höhe erreiche, die ich vorher nie geglaubt hätte. Aber ich vermeide, mir Ziele zu setzen, die zum Scheitern verurteilt sind. Ziele dürfen realistisch sein.

Was ich noch mitgeben würde: Der Sinn des Lebens ist individuelles Glück. Und je mehr ich darüber nachdenke, umso weniger habe ich auch ethische Bedenken bei der Formulierung dieses Ziels. Denn ein anständiger Mensch wird sein Glück nicht zulasten anderer realisieren. Und, Glück ist ansteckend. Wer selbst ein glückliches Leben führt, der inspiriert andere, ihm dies nachzumachen. Das klingt total blöd. Kritiker würden sagen, der Sinn des Lebens ist das, was von dir bleibt.

Am Ende des Tages ist nicht Milliardär zu werden das Ziel, denn bin ich dadurch glücklicher? Das Ziel ist es: das Glück zu empfinden. Setze dir ein bis zwei hohe ehrgeizige Ziele im Leben und kämpfe wie ein Löwe dafür, aber mache dich nicht zum Sklaven deiner Ziele. Sei dir im Klaren darüber, das ultimative Lebensziel ist die Akkumulation möglichst vieler glücklicher Momente in deinem Leben.

TEIL II – Fokus auf deine mentale Stärke

„Wer ein hohes Haus bauen will muss lange am Fundament verweilen."

Chinesische Weisheit

4. DENKEN, SPRECHEN & HANDELN

„Wende dich stets der Sonne zu,
dann fallen die Schatten hinter dich.“

Chinesische Weisheit

Darauf fokussierst du dich in diesem Kapitel:

- Wie positives Denken, Sprechen und Handeln wirkt und funktioniert.
- Wie du Probleme ab sofort angehst, die dich beschäftigen.
- Wie du durch deine positive Grundhaltung Berge versetzt.

Es gibt ein Gedicht aus Amerika, das handelt von zwei Hunden. Beide Hunde laufen zu verschiedenen Zeiten in den gleichen Raum. Der eine Hund kommt schwanzwedelnd aus dem Raum, der andere Hund knurrend. Eine Frau beobachtet diese Szene und geht in den Raum, um herauszufinden, was den einen Hund so glücklich macht und den anderen böse. Zu ihrer Überraschung findet sie einen Raum, der voll ist mit Spiegeln.

Der fröhliche Hund fand in diesem Raum tausend glückliche Hunde, die ihn anschauten, während der verärgerte Hund nur verärgerte Hunde sah und knurrte. Was du in der Welt um dich siehst, ist nur eine Reflexion deiner Person – so wie du bist.

Glaub an dich. Denk, sprich und handele positiv und du schaffst es. Leg den Fokus auf das, was dir guttut. Welche schönen Situationen helfen dir weiter? Welche Musik hilft dir weiter, welche Menschen helfen dir weiter, welches Buch hilft dir weiter? Ist es wirklich die Horrorgeschichte oder doch eine leichte und witzige Literatur. Der Punkt ist, dass du dich mit positiven Dingen beschäftigen darfst. Umgib dich mit erfolgreichen Menschen. Für Menschen, die noch ihren Traumpartner suchen: Lebe so, als hättest du bereits einen Partner. Triff dich mit anderen glücklichen Paaren, richte deine Wohnung so ein, als ob der Partner bereits bei dir wohnt. Mach diese Dinge, die dazu führen, dass du dich gut fühlst, und leg den Fokus auf diese positiven Dinge, die geschehen sollen. Willst du etwas Bestimmtes haben? Dann umgib dich mit Menschen, die es bereits besitzen. Dann besitzt du es auch bald. Das ist das Gesetz der Anziehung.

Eine erste Routine, die sich in deinem Sprachgebrauch einbürgern darf: Lass das Wort „nicht" raus aus deinen Sätzen. Das ist auch ein gutes Mittel zur Erziehung von Kleinkindern. Vielleicht hast du selber Kinder oder Verwandte und Freunde, die Kleinkinder haben. Sobald das Kind ca. zwei bis drei Jahre alt ist, ist das eine interessante Zeit: die Trotzphase. Das schweißt Eltern und Kinder so richtig zusammen. Die Kleinen entdecken die Welt mit eigenen Augen. Sie lernen, dass sie nun bereits vieles, ohne Hilfe von Mama, Papa oder Onkel, selbstständig können. Da hören wir dann Sätze wie „Mama, hör auf" oder „Tim alleine".

Wollen die Kleinen dann etwas alleine machen, machen sie natürlich vieles richtig und manches dürfen sie noch öfters üben. Viele Eltern wollen ihren Kindern helfen, indem sie sagen, „So geht das nicht, du musst das so machen …", oder, „Nein, so funktioniert das nicht. Das Puzzleteil passt da nicht rein …"

Zeitgleich mit der Trotzphase wächst ein „Nicht/Kein/Nein"-Filter im Hirn unserer Kleinen. So viele Kleinkinder ignorieren diese „Nicht"-Sätze und wollen selbst herausfinden, was funktioniert. Ich habe für einen Monat einen Versuch bei meiner Tochter gestartet, und zwar alle „Nicht/Kein/Nein"-Sätze so umformuliert, dass meine Sätze nur noch positiv und zielorientiert waren. Statt „So geht das nicht. Du musst erst den Knopf drücken, sonst geht die Tür nicht auf" habe ich gesagt: „Drück den Knopf, dann geht die Tür auf." Diese kleine Veränderung hat uns beiden geholfen und ganz nebenbei das Selbstbewusstsein meiner Kleinen gestärkt. Denn sie kam schneller ans Ziel – alleine.

Bei meiner Tochter hat es gewirkt und geholfen. Okay, sie sagt jetzt in jedem zweiten Satz: „Alles gut!", und das ist auch in Ordnung. Der Gedanke liegt nahe: Wenn das bei ihr so gut funktioniert, dann doch auch sicher bei uns Erwachsenen. Also habe ich bei mir angefangen und das positive Denken, Sprechen und Handeln übernommen. Besonders hilfreich ist das bei der Zieldefinition. Wird das positive Denken, Sprechen und Handeln gepaart mit einer konkreten Zieldefinition, dann ist die Zielerreichung leicht. Vorausgesetzt, du machst auch den ersten Schritt, fängst an und ziehst es durch.

Darauf, wo Menschen den Fokus legen, das wächst.

Positives und zielorientiertes Denken, Sprechen und Handeln ist essentiell für deine Zielerreichung. Stell dir folgende Situation vor: Ein junger Mann kommt abends von einer Feier nach Hause und stellt Folgendes fest: Seine Wohnungstür ist verschlossen und er steht da – ohne Schlüssel. Der junge Mann ärgert sich maßlos, tritt gegen die schwere Tür und wundert sich, wie das passieren konnte – und ausgerechnet immer ihm. Er ärgert sich, der Blutdruck steigt, sein Gesicht wird rot und er fängt an, laut zu fluchen im Flur. Ihm ist es egal, ob das jemand mitbekommt. Er ist sauer. Er ist wütend. Er kann es nicht verstehen. Er ist müde und will jetzt in sein Bett. Er geht noch mal jede Minute in Gedanken zurück, wo der Schlüssel sein könnte. Er ärgert sich immer noch und fragt sich, warum die Tür verschlossen ist. Und warum er jetzt hier steht, ohne Schlüssel. Warum immer er? Warum?

Wir tauschen jetzt die Szene aus. Gleiche Person, gleicher Umstand, andere Denkweise. Der junge Mann kommt abends von einer Feier nach Hause und stellt Folgendes fest: Seine Wohnungstür ist verschlossen und er steht da – ohne Schlüssel. Der junge Mann prüft alle seine Taschen, überlegt kurz, wo der Schlüssel sein kann. Dann überlegt er, wie er die Tür aufbekommt. Hat jemand einen Reserveschlüssel? Kriege ich die Tür alleine auf, ohne Schlüssel? Ist ein Fenster auf? Rufe ich den Schlüsseldienst?

Was denkst du, wer schneller in seinem Bett liegt? Der junge Mann, der sich fragt: „Warum ist die Tür verschlossen", oder der junge Mann, der sich fragt: „Wie kriege ich die Tür auf"?

Die Frage nach dem Wie ist essentiell für deine Zielerreichung. Nutze jeden Moment und beobachte erfolgreiche Menschen. Stelle ihnen Fragen. Frag, wie sie das machen, „erfolgreich zu sein". Glücklich zu sein ist eine Wahl, die du triffst.

Kommen wir noch einmal zurück auf das Thema des positiven Denkens, Sprechens und Handelns. Diese drei Faktoren sind die Bestandteile des Dreiecks der Veränderung – ein hilfreiches Werkzeug, das dich unterstützt, noch erfolgreicher zu werden. Warum? Viele Menschen sprechen zwar positiv wie „Ach, das wird schon" und tun nichts dafür. Sie denken also positiv und handeln nicht danach. Andere denken zwar positiv und sprechen nicht so. Du darfst es richtig machen, denn dein Denken beeinflusst dein Sprechen und dein Handeln.

STELLUNG BEZIEHEN UND DAS ZIEL FOKUSSIEREN

Was ist echt und was ist kopiert? Du kennst bestimmt auch Menschen in deinem privaten Umfeld, die in ihrer eigenen Art und Weise kalkulierbar sind. Anna ist immer 5 Minuten vor der Zeit da, Andreas zieht Sachen bis zum Ende durch, Frank kann sehr gut mit Geld umgehen und Lena kriegt immer das beste Schnäppchen. Das sind Einstellungen und Handlungen, mit denen Menschen sich gut positionieren können. Positionierung ist das Stichwort.

Sobald du dir deiner Werte bewusst bist, kannst du auch nach ihnen leben und handeln. Denk immer daran: Deine Werte unterstützen dich, eine mentale Stärke aufzubauen, welche die Basis für dein *Focus First Goal Camp* ist.

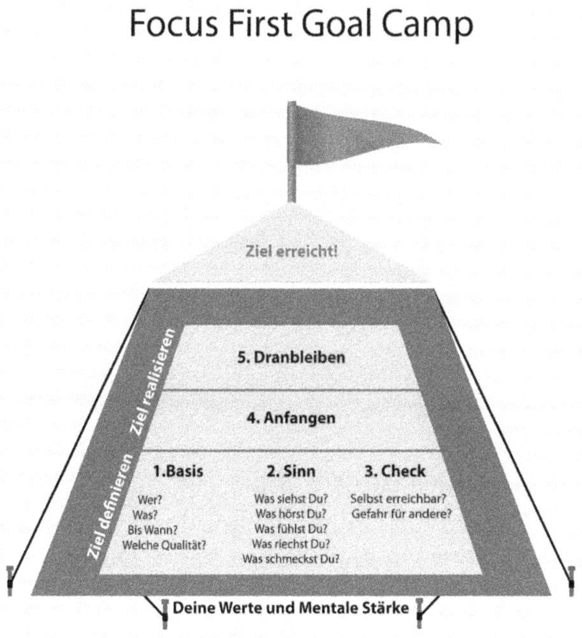

Es ist wichtig, im Privaten, wie im Berufsleben, dass du Stellung beziehst und dich positionierst. Versuch nicht, irgendeine Rolle zu übernehmen, die du nicht bist. Sei du selbst, sei authentisch und entspannt – dann bist du am besten.

Deine Werte hast du bereits identifiziert. Jetzt geht es darum, diese Werte voll mit Leben zu füllen. Mach dich kalkulierbar, sobald es um deine Werte geht. Es wird Freunde, Verwandte und Kollegen geben, die mit deiner neuen Positionierung nicht klarkommen werden und lieber dein altes ‚Ich' wollen. Das ist okay und vor allem bequem für sie. Nicht für dich. Denn du willst positive Veränderung. Am Ende zählt, ob du dein Ziel erreicht hast auf eine menschliche und nachhaltige Weise. Du darfst polarisieren – das ist normal bei authentischen Menschen.

Mit der Positionierung grenzt du dich ab von anderen. Das ist wie beim Produktmarketing. Das eine Haar-Shampoo ist das Beste, wenn es um Haarglanz geht, das andere ist vor allem gut bei der Bekämpfung von Schuppen – wieder ein anderes lässt mit Koffein-Kicks das Haar wieder sprießen …

Nicht jeder wird deinem Weg folgen oder ihn gutheißen. Und viele Menschen wirst du dadurch wiederfinden, die die gleichen Interessen und Ziele teilen. Finde dein Alleinstellungsmerkmal heraus. Mach dein Glück nicht von anderen Menschen abhängig. Du allein bist der erste Ansatzpunkt!

Im Englischen nennt man das Alleinstellungsmerkmal abgekürzt USP. USP steht für Unique Selling Proposition. Also der Grund, den dir keiner streitig machen kann. Du hast in dieser Sache die Vorreiterrolle.

Den eigenen USP kennen wenige Menschen. Es fällt vielen Menschen schwer, ihre eigenen Stärken und Schwächen, Werte und Ziele hervorzuheben. In was bist du besser als andere? Was fällt dir leicht, wo andere viel länger für brauchen oder mehr Mühe aufwenden?

Manche Menschen sind sich unsicher, was das „perfekte Alleinstellungsmerkmal“ ist, das andere Mitmenschen gut finden. Und genau darum geht es eben nicht. Menschen, die polarisieren, beugen sich nicht allem und jedem. Sie sprechen nicht nach dem Mund oder richten ihre Fahne nach dem Wind aus.

Sobald du mit deinem Alleinstellungsmerkmal nicht immer auf offene Türen stößt, ist das völlig in Ordnung. Denn dann weißt du, woran du bist. Du hast dann mehr Zeit mit den Menschen, die das gleiche Ziel verfolgen. Das motiviert und inspiriert viel mehr. Ideen befruchten sich und was Großartiges entsteht. Allemal besser, als ständig zurückgepfiffen zu werden und hochgezogene Augenbrauen zu ernten.

Unsere Umgebung prägt uns. Wenn wir uns mit Menschen umgeben, die nur jammern, sich in Selbstmitleid suhlen und klagen, wie schlimm die Welt ist – dauert es nicht lange, bis wir diese Einstellung auch übernehmen. Wenn wir uns dagegen mit erfolgreichen und glücklichen Menschen umgeben, werden wir die vor uns stehenden Herausforderungen als Chancen und Möglichkeiten wahrnehmen.

Lieber weiß ich doch von Anfang an, ob ich mit anderen Menschen zusammenpasse oder nicht, als das erst Jahre später festzustellen. Du machst doch auch keine Kompromisse bei bestimmten Lebensmitteln oder deinem Lieblingsrestaurant.

Mut bedeutet, dafür einzustehen, woran du glaubst.

Du kommst schneller an dein Ziel, denn du machst die Sache für dich und woran du fest glaubst. Authentisch zu sein ist auch viel einfacher, denn egal was du sagst oder machst, es geschieht auf freiem und natürlichem Weg. Der richtige Weg. Dein Weg. Wie hat es Frank Sinatra in seinem Song „My Way" gesungen:

„For what is a man, what has he got?
If not himself, then he has naught.
The right to say the things he feels
and not the words of one who kneels.
The record shows I took the blows and did it my way!"
Frank Sinatra aus „My Way"

Du bist, wer du bist. Sprich aus, was du fühlst, und nicht das, was von dir erwartet wird. Gehe deinen Weg. Finde deinen eigenen Stil und ziehe diesen konsequent durch. Sei echt und tu, was du sagst. Sei kalkulierbar.

Feedback zu bekommen ist wichtig und hilfreich. Du allein entscheidest, was du davon annimmst und was nicht. Auch kritische Kritik ist hilfreich. Manchmal unglücklich von einigen Menschen formuliert. Vielleicht emotionsbehaftet oder in einem falschen Tonus übermittelt. Und dennoch, aus fast jeder Kritik kannst du etwas Konstruktives rauslesen.

Was wichtig ist: das erhaltene Feedback zu validieren. Falls dich einer deiner Mitmenschen kritisiert mit einem Punkt, den du bisher noch nicht gehört hast, dann lehn dich zurück, atme tief durch und relaxe. Denn, entspannt bist du am besten. Und denke nach. Denke darüber nach, ob das Feedback valide ist oder ob es tatsächlich nur die Meinung einer Person ist. Es ist okay, nicht jeden zufriedenzustellen. Wenn es manchen Menschen nicht gefällt, dann ist das so. Hauptsache, du bist deinen Werten und dir treu. Feedback ist wichtig und wenn dir jemand Feedback gibt, dann ist das gut, denn es wird deinen Reifegrad weiter erhöhen.

Sicherlich kennst du auch Personen, die zu allem und jedem eine ungefragte Meinung abgeben. Bei solchen Feedbacks darfst du dann etwas genauer hinschauen, wie valide das tatsächlich ist. Ich gehe gerne von dem Ansatz aus, dass ich zuallererst bei mir anfangen darf – you go first. Wenn eine Kommunikation nicht funktionierte, darf ich mich fragen: Wie schwerwiegend ist das Problem und ist es generell oder nur vereinzelt der Fall. Weiter ist es wichtig, erst an sich selbst zu arbeiten. Erst wenn meine Selbstreflexion annähernd stimmt, dann erst sollte ich es mir erlauben, ein valides Feedback für andere zu geben. Ansonsten ist mein Feedback nicht hilfreich für den Gesprächspartner. Konkret meine ich damit: Wenn ich selber nicht pünktlich bin, darf ich nicht erwarten, dass andere pünktlich sind. Wenn ich nicht andere Menschen respektiere, darf ich keinen Respekt von diesen Menschen verlangen. Wenn ich nicht lächeln kann, darf ich mich nicht wundern, wenn die Verkäuferin mich ernst anschaut.

Man erntet, was man sät. Wie man in den Wald ruft, so schallt es zurück. You go first. Lebe es vor und das Positive kommt. Vielleicht nicht sofort, nur es kommt irgendwann. Deinen eigenen Werten zu folgen ist kein Zwang, sondern ein Commitment. Ein Commitment an dich. Du darfst so leben und denken, wie du willst. Polarisiere, denn das verleiht dir die nötigen Ecken und Kanten.

LOVE IT, CHANGE IT, OR LEAVE IT

Stell dir vor, du bist Stürmer in einem Fußballspiel und schießt einen Ball ins Tor ohne dass ein Torwart oder Verteidiger dich davon abhält. Beim ersten Mal macht es vielleicht noch Spaß und die folgenden Tore sind schon langweilig. Richtig Spaß macht es, zu lernen, den Verteidiger und Torwart so zu umspielen, um dann das Runde in das Eckige zu versenken. Menschen brauchen Herausforderungen. Menschen brauchen Ziele. Und es gibt manchmal auch Talfahrten, das ist okay. Nicht okay ist es, jetzt aufzugeben. Jeder Rückschlag hilft dir, zu lernen, wie du es das nächste Mal besser machst – den Torwart umspielst, um dann letztendlich das Tor zu schießen.

Jeder von uns hat mal Themen, die uns an unsere Grenzen bringen. Sobald solche Themen dich an deine Grenzen bringen, ist das in der jeweiligen Situation selten angenehm. Du verlässt deine Komfortzone. Die Zone, in der alles bekannt, geordnet und kuschelig ist. Jedes Mal, sobald du aus dieser Zone gehst, ist es erst mal anders. Anders ist anders. Und anders ist ab sofort gut. An deine Grenzen zu kommen auch. Denn jedes Mal, sobald du an deine Grenzen kommst, dehnst du damit deine Grenzen aus – du erweiterst deine Reichweite, deine Komfortzone. Du wächst. Du lernst.

Fragen zum Nachdenken

- Wie gehst du mit Problemen in deinem Leben um?
- Versuchst du, sie zu ignorieren?
- Gehst du die Probleme an?
- Beschwerst du dich bei Freunden lauthals über deine Probleme, machst allerdings nichts dagegen?
- Stellst du dich tot und wartest, bis das große Problem-Ungeheuer an dir vorbeizieht, oder möchtest du so lange warten, bis es zubeißt?

Eine Freundin von mir stand einmal vor einem größeren Problem mit dem Klassenlehrer ihres Sohnes. Der Lehrer wollte ihren Sohn Max nicht weiter in der Klasse behalten. Für den Lehrer war Max zu anstrengend – der Junge brauchte etwas mehr Aufmerksamkeit als der Durchschnitt der Kinder. Der Lehrer schnappte sich also jedes Mal die Mutter und erklärte ihr, dass ihr Sohn nicht dem Leistungsniveau der Klasse standhalten kann und dass es doch das Beste wäre, den Jungen aus der Klasse zu nehmen – zu seinem Wohle. Andere Klasse. Andere Schule. Anderer Planet. Völlig egal – Hauptsache weg. Weg aus der Klasse. Treu nach dem Motto „Steter Tropfen höhlt den Stein" wiederholte der Lehrer diese Aussage immer wieder gegenüber der Mutter. Die Mutter war verzweifelt, machte sich Sorgen und sie brachte mit Bauchschmerzen Max in die Schule, jeden Morgen. Es sei halt so und sie könne ja auch nichts dagegen ändern. Sie kann ja eben nichts machen. Wenn der Lehrer es sagt, dann ist es eben so. Der Lehrer wiederholte seine Bedenken so oft, dass die Mutter irgendwann tatsächlich zu zweifeln begann und irgendwann glaubte, dass Max eine Lernschwäche habe. Allerdings war das nicht der springende Punkt. Der Punkt war: Max brauchte einfach nur mehr Aufmerksamkeit. Er lernte in seinem Tempo. Und weil der Lehrer es sich lieber bequem machte, Kinder im Standardverfahren lehrte, passte Max nicht in sein Konzept. Der Lehrer ging stattdessen lieber den einfachen Weg. Weg mit Max – und zwar schnell.

Die Mutter hat das innerlich sehr belastet. Sie brachte weiterhin Max mit Bedenken in die Schule, jeden Tag. Wochenlang. Immer mit der gleichen Sorge. Es änderte sich allerdings nichts an der Situation. Sie beschwerte sich im Freundeskreis, monatelang. Freunde rieten ihr zu verschiedensten Aktionen, sie unternahm allerdings nichts. Und – es änderte sich auch nichts. Sie war lange Zeit unglücklich.

Jeder Mensch hat einen tief verankerten Automatismus im Hirn, der dafür zuständig ist, dass wir heute als Menschen noch leben. Das limbische System. Ein kleiner Bereich in unserem Hirn, der uns in jeder Situation drei Auswahlmöglichkeiten gibt bei Gefahr: Flüchten, Erstarren und Kämpfen. Was die Mutter in dem Beispiel gemacht hat, war monatelanges „Erstarren". Und dabei ist es gleich, ob die Mutter vor einem urzeitlichen Säbelzahntiger oder dem Klassenlehrer ihres Sohnes steht. Sie war erstarrt über eine zu lange Zeit. Und sie wunderte sich, dass sich nichts geändert hat, dass die Bedrohung sich nicht auflöste. Erstarrungen wie diese können bei vielen Menschen nach einer gewissen Zeit zu schwerwiegenden Problemen führen. Probleme werden nicht angepackt, sie sind dennoch existent. Auch in der Erstarrung. Sie verändern sich nicht dadurch. Manchmal ist es hilfreich, einfach zu erstarren – und nichts zu tun. Allerdings darfst du selbst herausfinden, wann du wieder aktiv werden darfst.

Es gibt kein Problem, das du nicht angehen kannst. Und wenn es dieses unglaublich große Problem tatsächlich gibt, dann darfst du lernen, damit zu leben. Es zu akzeptieren. Leb damit und entscheid dich dafür, mit dem Thema zu leben. Wenn das nicht geht, dann entscheide dich, das Problem zu beseitigen, oder geh dem Problem aus dem Weg. Sobald ein Bär im Wald auf Feuer trifft, geht er auch nicht weiter auf die Flammen zu. Und er legt sich auch nicht hin, um darüber zu jammern, dass es brennt, genauso wenig wie er jemand anderen dafür verantwortlich macht, dass er jetzt nicht auf schnellstem Wege zu seinem Honig kommt. Er findet einfach einen anderen Weg.

Entscheide dich. Und sobald du dich entschieden hast: Leb mit deiner Entscheidung.
Du alleine bist verantwortlich für deine Situation: Love it, change it, or leave it.

Du möchtest dich nicht weiter wie eine Wasserboje fühlen, die zwar einen Anker hat – aber von den Wellen von einer zur anderen Seite gepresst wird, manchmal auch untergeht und dann erst wieder hochkommt. Du willst wie ein Fels in der Brandung stehen.

Du willst dich nicht verbiegen oder in eine Ecke drängen lassen. Wellen schlagen auf dich ein, aber du hältst stand. Jahrelanges Peitschen der Wellen hat deinen Fels so abgerundet, dass das Wasser bequem abfließen kann – du kommst mit jedem Problem klar.

Du stellst fest, dass du dich großartig fühlst, sobald du deine Probleme aufschreibst, einteilst und konkrete Schritte überlegst. Du hast dann wieder das Gefühl, die Regie zu führen. Du steuerst. Du entscheidest. Sei glücklich mit deiner Entscheidung. Trage nie wieder Probleme mehrere Tage, Wochen oder gar Monate vor dir her. Sei mutig und treffe Entscheidungen. Du allein bist verantwortlich für deine Probleme – niemand anders. Triff Entscheidungen und leb damit. Sei glücklich und stolz darauf.

Eine hilfreiche Frage in diesem Zusammenhang ist: Fühlst du dich jetzt schon schlecht genug, um Veränderungen durchzuführen, oder möchtest du lieber warten, bis es noch schlimmer geworden ist? Sobald du deine Probleme und Umstände, die dich belasten, aufschreibst, dann werden diese greifbarer. Greifbarer, um sie dann richtig anzupacken. Lieber auf dem Papier als ständig im Kopf.

ÜBUNG NR. 5: ***Deine „Love it, Change it, Leave it"-Liste.***

Nimm dir ein Blatt Papier und zeichne in der Mitte des Blatts einen vertikalen Strich von oben nach unten, sodass du nun zwei Spalten hast. Auf der linken Seite schreibst du alle Sachen auf, die dich ärgern. Schreib alles runter, vom nicht abgeschlossenen Studium zu dem zweifelnden Lehrer deines Sohnes, dass Raider nie mehr in Twix umbenannt wird – einfach alles.

Schau dir die Liste von oben nach unten noch mal an.

Schon alleine dieser Schritt, alles niederzuschreiben, ist hilfreich zum Loslassen. Denn jetzt hast du es schwarz auf weiß auf Papier statt diffus und unkontrolliert im Kopf. Viele geben hier schon wieder auf und verfallen in eine Schockstarre. Nun sehen sie das große Monster vor sich und stellen sich wieder tot. Du willst ab heute nicht mehr dazugehören. Damit ist Schluss! Lass die Luft raus aus dem Problem, es ist leicht.

Zu jedem Punkt, den du aufgeschrieben hast, darfst du nun entscheiden, ob du das Problem ändern willst – dann schreibe „Change it" in die zweite Spalte zu dem jeweiligen Problem. Willst du mit dem Problem nichts mehr zu tun haben? Dann schreib „Leave it" daneben.

Kannst du ein Problem tatsächlich nicht ändern oder verlassen? Dann schreibe „Love it" daneben.
Der letzte und wichtigste Schritt ist folgender: Jedes deiner Probleme hat nun eine Handlungsmaxime à la love, change, or leave it. Jetzt darfst du konkret aufschreiben, was du wie anpackst. Um beim Beispiel der Mutter zu bleiben mit ihrem angeblich lernschwachen Sohn: Ein „Love it" wäre sicher nicht die richtige Wahl. Also bleiben zwei Möglichkeiten: Leave it – den Sohn tatsächlich aus der Klasse nehmen – andere Schule, anderer Ort, bloß weg. Oder „Change it", sie redet mit dem Lehrer final und überlegt sich konkrete Schritte. Wichtig ist, dass du ab heute entscheidest und konkret das Problem angehst. Sonst hat das Problem dich im Griff und wie sich das anfühlt, weißt du ja bereits.

Fokus auf das Wesentliche:

- Du bist erfolgreich, sobald alle drei Faktoren zusammenspielen: Denke, spreche und handele positiv.
- Darauf wo Menschen den Fokus legen, das wächst.
- Wechsle vom Warum zum Wie. Vergiss die Frage „Warum ist die Tür verschlossen?“ und konzentriere dich auf die zielorientierte Frage „Wie kriege ich die Tür auf?“
- Sei authentisch. Sei du selbst zu 100 Prozent.
- Wichtig ist, dass du bereit bist für deine eigene Veränderung. Sobald du bereit dazu bist, tauchen schon die richtigen Personen in deinem Leben auf, die dich mit auf die nächste Stufe nehmen. Der Lehrer kommt, sobald der Schüler bereit ist.
- You go first. Mach's vor. Lebe es vor und das Ergebnis kommt.
- Anstatt Entscheidungen aufzuschieben, schreib die Themen, die dich belasten, auf ein Blatt. Schreib neben jedem Thema:
    - Love it – Komm damit klar und mach es dir so schön wie möglich.
    - Change it – Verändere die Situation, geh das Thema an.
    - Leave it – Verlass die Situation, kündige es.
- Sobald du dich entschieden hast: Bleib dabei. Du hast dich jetzt dafür entschieden. Mach einen Haken dran. Fertig.

INTERVIEW SUSANNE SIMON

„Wenn ich eines gelernt habe, dann ist es, nicht zu jammern. Nur ich allein bin für mein Leben verantwortlich."

Susanne Simon

VITA

Susanne Simon, geboren am 24. Oktober 1960 in Darmstadt, ist Reporterin und Redakteurin in der ZDF-Hauptredaktion Sport.

Die gebürtige „Heinerin" (Darmstädterin) ist seit 2011 u. a. Leiterin der ZDF-Skisprung-Übertragungen und hat als Autorin diverse Reportagen gemacht, so auch die Olympia-Serie „Michael Bublés Vancouver", wo sie Michael Bublé in Vancouver mehrere Tage begleitete.

Susanne Simon berichtete live für das ZDF während der Olympischen Spiele in Sydney (2000), Athen (2004), Turin (2006), Peking (2008), Vancouver (2010), London (2012) und Sotschi (2014), war im Kreativteam der Fußball-WM in Rio tätig und ist Mitglied der „Investigativ"-Taskforce des ZDFs.

Sobald Sie zurückblicken auf Ihr bisheriges Leben, was war ein großes Ziel, das Sie erreicht haben?

Nachdem ich im Beruf inhaltlich (als Medienschaffende) meine Passion gefunden hatte, wollte ich nach vielen Jahren der Freien Mitarbeit eine Festanstellung und leistungsgerechte Bezahlung beim TV-Sender ZDF erreichen.

Woher wussten Sie, was Ihr Ziel ist?

Seit 1991 war ich Freie Journalistin beim ZDF. Ich habe anfangs sowohl beim ZDF-Morgenmagazin als auch für Sport Extra und bei Olympia 2000 in Sydney moderiert und viele Sportler interviewt, schwerpunktmäßig bei den Sportarten Kanu und Rudern, im Winter beim Skispringen. Ich hatte innerhalb von 13 Jahren (1991–2004) fast alles gemacht in meinem Job: Moderiert, live interviewt, als Autorin Filme gefertigt und synchronisiert. Eine Festanstellung hatte ich allerdings nicht. Irgendwann dachte ich: „Okay, ich werde nicht jünger – ich möchte mehr Sicherheit." Natürlich kam keiner automatisch auf mich zu und sagte: „Wie wär's denn mit einer Festanstellung?" So ein Wunsch bedeutet „kämpfen". Beim Fernsehen gibt es viel Neid und Konkurrenz. Als Frau in einer Sportredaktion ist das noch mal ein bisschen heftiger. Ich habe gemerkt, dass die Männer schneller fest angestellt wurden, dabei war es oft nicht so wichtig, ob sie ein abgeschlossenes Studium hatten oder nicht.

Den ersten Schritt in die Richtung hatte ich bereits 1999 gemacht. Unser damaliger Personalchef/Sport bot mir einen Pauschalvertrag an – jeweils ein Jahr befristet, mit Fix-Gehalt pro Monat. Bereits da hatte ich glücklicherweise verhandelt und nicht das erste Angebot akzeptiert. Das war schon mal ein Anfang. Aber ich wollte nicht nach Ablauf jedes Jahres bangen müssen: Wie geht's weiter? Fest angestellt zu sein beim öffentlich-rechtlichen Sender ZDF ist noch mal was anderes. Mitarbeiter mit Festanstellung gehören zum „ersten Kreis" und Mitarbeiter mit Pauschalvertrag werden mittlerweile offiziell „zweiter Kreis" genannt, ganz Freie sind der sogenannte „dritte Kreis". Schon die Bezeichnungen „erster", „zweiter" und „dritter Kreis" beschreiben eine Art „Rangordnung". Mein Ziel war es, für meine gute Arbeit eine gute Anstellung bei einem guten TV-Sender zu haben. Ich habe nichts Unrealistisches, aber eben eine leistungsgerechte Behandlung erwartet. Natürlich schielt man nach rechts und links und vergleicht sich unwillkürlich mit anderen Mitarbeitern. Und da waren einige, die ähnliche Leistungen wie ich lieferten, schon längst einen Schritt weiter. Gleichbehandlung, Fairness und Gerechtigkeit sind wichtige Wertvorstellungen für mich. Ich möchte mich rundum wohlfühlen an meinem Arbeitsplatz und dazu zählt Gleichberechtigung.

In 2005 hat es dann tatsächlich funktioniert: Ich bekam eine Festanstellung, allerdings mit einer geringeren Gehaltseinstufung als meine männlichen Kollegen. Der „Kampf" war also noch nicht zu Ende: Ich hatte eine niedrigere Einstufung, obwohl ich die gleichen Arbeiten wie meine männlichen Kollegen machte (als Autorin Beiträge fertigen und sprechen, live Interviews machen). Mir war klar, ich musste eben noch „mehr" können und tun, also bewarb ich mich als „Chefin vom Dienst" und Leiterin von Sendungen. Dafür wurde ich auch unmittelbar eingesetzt, man traute es mir also zu. Wenn ich aber Leiter, also Chef, bin und weiß, dass die Hälfte meiner Mitarbeiter mehr verdient als ich und/oder in einer besseren Gehaltsgruppe sind, nagt das schon am Ego. Ich habe mich also erneut informiert, was mir bei dieser Tätigkeit tariflich zusteht. Ich habe mein Ziel konkret identifiziert – ich leiste dem Unternehmen einen Dienst, der einen bestimmten Wert hat. Mit dieser klaren Gehaltsvorstellung bin ich dann zu meinem Vorgesetzten gegangen.

Mein direkter Vorgesetzter war prinzipiell auf meiner Seite, sagte allerdings, dass ihm die Hände gebunden seien (Konjunktiv mit „e"!). Beim ZDF gibt es fest definierte Strukturen, wie Gehälter angepasst werden. Wenn Mitarbeiter in einer bestimmten Gehaltsklasse sind, ist es nur möglich, aufzusteigen, wenn eine solche Stelle der Redaktion auch von ganz oben genehmigt wird. „Geht nicht gibt's nicht" dachte ich mir und habe einen Brief – mit Kenntnis meiner direkten Vorgesetzten – an die höchste Stelle der Personal-Entscheider geschickt. Zudem habe ich meinem Vorgesetzten signalisiert, dass ich – bis ich adäquat bezahlt werde – aus den hoch qualifizierten Tätigkeiten herausgenommen werden möchte. Genau das wollte mein Chef nicht. Denn gerade dieser Leitungsbereich, also dem Berufsfeld, in dem Entscheidungen – bei Sendungen oft sekundenschnell – getroffen werden und Verantwortung für Personal übernommen werden müssen – ist beim Fernsehen nicht wirklich begehrt. Man agiert im Hintergrund, nicht mehr „vor" der Kamera. Man bestimmt Inhalte mit, ganze Sendungen, aber man taucht als Name dann nicht mehr auf im Fernsehen. Die Verantwortung steigt, die Sichtbarkeit für die Zuschauer verschwindet. Die Leitung zu haben war und ist für mich allerdings zu diesem Zeitpunkt meiner Karriere – also Ü40 – genau das Richtige. Mir macht diese Führungsposition Spaß, aber ich wollte gerechte Bezahlung dafür.

Ich bin also mit konkreten Vorstellungen in meine nächste Gesprächsrunde mit der Personalabteilung gegangen. Vielleicht glücklicherweise war diese Personalabteilung eine Frau. Sie lächelte verständnisvoll, als ich ihr meine Situation schilderte. Sie nahm mein Thema an, versprach mir, sich zu kümmern – und ich wartete ab, mehr konnte ich zu diesem Zeitpunkt nicht tun.

Es sollte sich lohnen. Nach drei Monaten rief ich direkt die Personalabteilungsleiterin an. Ihre Antwort war prompt, sie sagte: „Das ist Gedankenübertragung, ich wollte Sie auch gerade anrufen. Genau heute ist Ihre Gehaltserhöhung durchgegangen. Ich habe gerade das Okay bekommen und es wird rückwirkend zum 01. Januar sein. Herzlichen Glückwunsch, Frau Simon!"

Ich habe mich sehr darüber gefreut und ich glaube, dass es für die Personalabteilungsleiterin ebenfalls ein kleiner Triumph war. Ich denke, dass es auch ihr guttat, einer Frau – zudem in der Männerdomäne Sportredaktion – zu helfen und zu einer geschlechterunabhängigen, leistungsgerechten Bezahlung zu verhelfen.

Das Ganze dauerte summa summarum zwei Jahre. Jetzt bin ich in der Gehaltsgruppe, die ich gerecht finde. Nicht mehr und nicht weniger. Jetzt mache ich den Job lieber, bin motivierter. Geld ist sicher nicht das Wichtigste im Beruf, aber Entlohnung hat auch etwas mit Fairness und Gerechtigkeit zu tun. Ich möchte mich nicht unter Preis verkaufen. Ich möchte leistungsgerecht entlohnt werden. Egal, ob ich eine Frau oder ein Mann bin. Es geht darum, dass der Arbeitgeber signalisiert, wie wertvoll ihm meine Arbeit ist. Ich möchte Wertschätzung erfahren.

Das Erreichen Ihres Ziels auf drei Begriffe beschränkt – welche sind das?

Mach's! – Dranbleiben – „Sich selber treu bleiben."

Was oder wer hat Sie während der Zeit der Zielerreichung begleitet?

Mein Mann hat mich sehr unterstützt während der Zeit. Ich habe viel von meinem Mann – eben „als Mann" – gelernt. Er hat sich mit mir zu Hause hingesetzt und ist mit mir die verschiedensten Strategien durchgegangen. Er motivierte mich immer wieder, an meinem Ziel dranzubleiben. Das ist auch das Zauberwort: „Dranbleiben". Sich eben nicht vom Arbeitgeber „abfertigen" zu lassen, sondern konkret mit Argumenten seine eigene Meinung zu vertreten, sich zu positionieren. Manche Menschen glauben, sobald sie erfolgreiche Menschen sehen, „Boah, hat der ein Glück, dass er das erreicht hat." Meine Erfahrung ist, dass erfolgreiche Menschen auch viel für ihren Erfolg tun. Der fällt nicht einfach vom Himmel – man muss kämpfen, dranbleiben, Rückschläge wegstecken und aktiv an der Zielverwirklichung arbeiten.

Wie haben Sie es geschafft, Ihre Ziele zu erreichen?

Ziele sollten flexibel, nicht zu festgelegt sein. Es ist sicher gut, Plan A in der Tasche zu haben. Man sollte aber auch immer offen sein für „Plan B".

Am Anfang meiner beruflichen Laufbahn wollte ich unbedingt Lehrerin für Sport und Deutsch werden. Jetzt bin ich bei einem der bekanntesten deutschen TV-Sender und „lehre" auch Sport und benötige dazu gute Deutschkenntnisse. Die Zielgruppe ist nun halt größer. Meine „Schüler" sind jetzt die Zuschauer. Und es ist Frontalunterricht. Aber im Grunde genommen lehre ich nun auch Sport und das deutschlandweit. So gesehen hat sich ein Kreis geschlossen. Plan A (Lehrerin) klappte nicht (damals Lehrer-Schwemme, keine Anstellung möglich) – also griff Plan

B – das Gelernte anderweitig zu nutzen. Man sollte also nicht zu fixiert auf eine Sache sein, das könnte einem die vielen Möglichkeiten, die sich im Leben bieten, vernebeln. Es gibt immer ein Ziel hinter dem Ziel.

Außerdem ist es wichtig, nicht zu jammern. Männer denken anders als Frauen. Frauen sind eher emotional, da kommen schon öfters Sätze wie „Ich will mehr Geld!" oder „Das ist doch unfair! Der Kollege XY verdient aber mehr als ich!", nur helfen diese Sätze nicht. „Lösungsorientierung" ist hier das Stichwort. Vorgesetzte wollen keine Mitarbeiter, die jammern. Vorgesetzte wollen Mitarbeiter, die Vorschläge unterbreiten. Wenn ich eines gelernt habe, dann ist es, nicht zu jammern. Nur ich allein bin für mein Leben verantwortlich. Das müssen besonders Frauen lernen. Man darf auch nicht die Schuld auf den Arbeitgeber schieben. Der Arbeitgeber geht den Weg des geringsten Widerstands und handelt wirtschaftlich. Wenn alles funktioniert, warum sollte er zu den Mitarbeitern gehen und freiwillig etwas ändern? Das ZDF hat sich – innerhalb seiner Regularien – absolut korrekt verhalten.

Wie haben Sie sich motiviert, dranzubleiben?

Ich habe mir vorgestellt, wie das wäre, wenn ich in der nächsten Gehaltsstufe bin. Das war ein gutes Gefühl. Das wollte ich dauerhaft, also wusste ich, es würde sich lohnen, dafür zu kämpfen. Ich habe das innere Gefühl wahrgenommen, das ich dann, sobald ich das Ziel erreicht habe, ausgeglichen sein würde. Mache Menschen haben vielleicht ein konkretes Bild vor Augen (z. B. ich will sooooo dünn sein wie Victoria Beckham) – bei mir ist es eher ein Gefühl. Ich möchte das Gefühl haben, dass ich mit mir im Reinen bin. Als ich das Ziel dann erreicht hatte, hatte ich ein unglaubliches Gefühl der Wertschätzung. Es war eine reine innere Befriedigung. Es ging mir nicht um das Geld. Eher um das Bewusstsein, jetzt so richtig dazuzugehören zum Kreis der Personen mit Leitungsfunktion, das war eine gewisse Genugtuung.

Ich hatte Höhen und Tiefen. Tatsächlich hatte ich in der Angelegenheit vor allem Tiefen. Zum einen, weil ich sauer war, dass mein Arbeitgeber sich sehr lange Zeit ließ für die Entscheidung über mein Gehalt. Zum anderen war ich auch sauer auf mich selbst, weil auch ich manche Monate hatte verstreichen lassen, ohne aktiv zu werden. Dann habe ich mal wieder angerufen, habe Mails geschrieben und war persönlich bei unserem Personalchef, habe nachgefasst.

Irgendwann hat sich eine regelrechte Wut angestaut. Da bin ich noch mal so richtig aktiv geworden und habe mich hauptsächlich darauf konzentriert.

Um es mit einem Songtext meines Idols Fred Astaire (Hollywoodstar der 30er- bis 50er-Jjahre, Tänzer, Choreograph) zu sagen: „Pick yourself up, dust yourself off, and start all over again." Wichtig ist es, immer wieder aufzustehen, sich aufzurichten, den Staub abzuklopfen und wieder weiterzumachen. Sobald du dich aufgerichtet hast, ist der nächste Schritt (oft) ganz leicht. Aufstehen ist die Grundvoraussetzung, um weitermachen zu können.

Was hat sie inspiriert, was hat nachhaltig Ihr Leben verändert?

Der Wendepunkt in meinem Leben war sicher der Tod meiner Eltern. Es war eines der tiefsten Täler. Ich habe kurz danach ein Persönlichkeitsseminar besucht. Es ging in dem Seminar darum, Altes loszulassen, um Neues beginnen zu können. Ich glaube, ich musste einfach lernen, etwas mehr an mich zu denken. Dieses Seminar besuchte ich übrigens zwei Jahre, bevor es zu der Festanstellung beim ZDF kam. Anscheinend habe ich in dem Seminar mehr gelernt, als ich es während der Zeit damals empfunden habe.

Diese Zeit hat mich verändert. Von der „kleinen Tochter, die sich immer anzupassen hat" hin zu einer selbstbewussten Erwachsenen. Und das in einem Seminar – zudem mit banalen, simplen Übungen. Ich erinnere mich, als wir im Wald einen Baumstamm hochklettern sollten. Dieser Baumstamm war 11 Meter hoch und an der Spitze abgesägt. Die dadurch entstandene „Plattform" war gerade so groß, dass eine Person sich dort drauf stellen konnte.

Und dann war ich dran. Ich sollte hochklettern. Ich war natürlich gesichert, aber von einer Gruppe von Leuten, die ich dort erst kennengelernt hatte. Ich bin also den Baumstamm hochgeklettert. Das Hochklettern war schon anstrengend. Mehrmals kam der Gedanke: „Das schaff ich nicht." Ich hatte panische Angst, runterzufallen. Der schwierigste Moment war, als ich dann oben angekommen war. Von unten hörte ich die Rufe „Hopp, hopp, stell dich hin!" Doch ich hockte auf dem abgesägten Baumstamm, der auch noch leicht wackelte, in 11 Metern Höhe und war zu feige, mich aufzurichten. Diese hockende, kauernde Stellung, also diese „Leute-guckt-mich-nicht-an-Position", das habe ich ausgehalten. Doch das „groß werden", einfach die Knie durchzustrecken, dieses Stückchen „Sich-Aufrichten" war für mich die größte Herausforderung. Ich habe dann mit mir selbst gesprochen und mir gesagt „Mach's!" und weiter, „Wenn du das jetzt nicht machst, dann ärgerst du dich schwarz, wenn du wieder da unten stehst – also mach's!"

Und tatsächlich – ich habe mich aufgerichtet. Dieser Moment war für mich so ein – im wahrsten Sinne des Wortes – erhebendes Gefühl, dass ich die Arme ausgebreitet habe wie die Christo-Statue in Rio. Und ich habe jede Sekunde genossen.

Die nächste Aufgabe war dann, vom Baumstamm zu springen und sich fallen zu lassen. Nachdem ich mich aufgerichtet habe, war das Springen, also das Loslassen, kein Problem mehr für mich.

Hätte mir vorher einer gesagt: Du kletterst einen Baum hoch und springst dann runter – und das bringt dich weiter –, hätte ich das wahrscheinlich als Quatsch empfunden. Doch man muss sich auch auf solche Situationen einlassen und so die sogenannte „Komfortzone" erweitern. Wichtig ist: Mutig sein, mal loslassen und vertrauen auf andere. Das, was ich damals erlebt habe, war einer der entscheidendsten Momente in meinem Leben. Ich habe dadurch viel mitgenommen: Auch wenn es mal Tiefen gibt – richte dich auf und mach's – du wirst belohnt für deinen Mut.

Welche Botschaft haben Sie an die Leser?

Bleib aktiv! Nichts, was du dir wünschst, kommt automatisch auf dich zu. Du bist selbst verantwortlich für dein Glück! Und wenn du etwas machst, dann mache es aus voller Überzeugung! Der brasilianische Sambatänzer Renato Sorriso (das heißt „lächeln“) sagte mir im Interview während der Fußball-WM in Rio: „Wenn du etwas machst, dann mach’s aus dem Herzen heraus.“ Seine Aufforderung kann ich nur unterstreichen.

Er wurde mit dieser Einstellung übrigens vom Müllmann zum internationalen Samba-Tanz-Star.

5. WÜNSCHEN UND BEKOMMEN

„Alles, was wir sind, ist ein Resultat dessen, was wir gedacht haben."

Buddha

Du erinnerst dich sicherlich an Aladin und die Wunderlampe. In diesem Märchen ging es um einen jungen Mann. Jedes Mal, sobald er an einer antiken Öllampe rieb, kam ein Dschinn aus dieser Öllampe heraus. Rauch stieg empor und aus der kleinen, metallenen Öllampenöffnung baute sich der Dschinn vor Aladin auf. Mit verschränkten Armen, nacktem und muskulösen Oberkörper schwebte er wie eine mächtige Wolke vor Aladin und sprach mit kräftiger Stimme: „Dein Wunsch ist mir Befehl."

Angenommen, dir erscheint Dschinn und stellt dir die Frage „Dein Wunsch ist mir Befehl: Was ist dein Wunsch?" – könntest du auf Anhieb deinen Wunsch aussprechen?

Fragen zum Nachdenken

1. Kannst du dich an Situationen erinnern, in denen du dir etwas gewünscht hast?
2. Denk an ein Ziel, das du erreicht hast in den letzten drei Tagen, egal wie groß oder klein es war. Was hast du vor der Zielerreichung gedacht? Was hast du zu dir gesagt?
3. Denk noch mal an das Ziel aus der Frage 2 – hast du gezweifelt, dass du es erreichst?

Allein durch unsere Vorstellungskraft ist es möglich, dass das Gehirn die körpereigene Droge Endorphin produziert. Auch bekannt als Glückshormone. Es ist erstaunlich, was alleine durch unsere Gedanken und Vorstellungskraft beeinflusst werden kann. Placebo-Tests sind ein klassisches Beispiel: Viele Menschen werden durch die Einnahme von wirkungslosen Tabletten geheilt – rein durch die Vorstellungskraft. Phantomschmerzen haben Menschen, die trotz Amputation ihre Körperteile noch spüren.

Mit diesen Themen setzt sich die Psychosomatik auseinander. Das ist die Wissenschaft, die beschreibt, dass emotionale und geistige Prozesse in unserem Gehirn bestimmte Reaktionen auf unseren Körper ausüben. So wurden bereits im 19. Jahrhundert Tests durchgeführt, um herauszufinden, wie stark die Vorstellung des Gehirns bestimmte Reaktionen auf den Körper ausübt. Bei dem „Münzexperiment“ zum Beispiel wurde eine Münze auf den Arm eines Probanden gelegt und dieser Proband wurde in einen entspannten Zustand versetzt. Dem Probanden wurde dann suggeriert, dass die kühle Münze brennend heiß sei. Zwei Drittel der Probanden hatten anschließend an dieser Stelle Hautirritationen, bis hin zu Brandblasen. Okay, wer braucht Brandblasen. Keiner. Und es gibt alltägliche Beweise, wie Krankheiten durch Selbstheilung verschwinden. Was in der Medizin seit Jahrzehnten funktioniert – funktioniert dann auch mit der Vorstellungskraft für die Erreichung der eigenen Ziele.

Es ist das Gesetz der Anziehung, dass das Wünschen und Bekommen regelt. Das Wünschen und Bekommen funktioniert in beide Richtungen – die guten und die schlechten Wünsche.

FALSCHES WÜNSCHEN

In meinem Kopf war früher der Gedanke, „Also, im Winter gehe ich nicht draußen Joggen, sonst werde ich krank." Bestellt. Geliefert. Natürlich wurde ich krank und zwar jedes Mal, sobald ich Joggen ging. Ist auch logisch, ich habe es unbewusst geplant, krank zu werden, und das Universum, oder wer auch immer dafür zuständig ist – hat prompt geliefert. Danke schön. Das hat sich dann ungefähr so in meinem Kopf abgespielt: „Ganz schön früh haben wir's. 6:10h. Okay, Schuhe anziehen und warm einpacken, nicht, dass ich mich erkälte. Wo ist denn mein Jogging-Schal, ohne den geh ich nicht raus. Ah, da ist er. So, wo sind noch mal die Handschuhe? Sind wahrscheinlich wieder -10 °C und feucht. Muss ich mich warm anziehen – nicht dass ich durchfriere. Ganz schön dunkel draußen. Wo ist meine Jacke – ah, da. Taschentücher brauche ich noch – mir läuft nachher bestimmt die Nase. Okay, ich glaube, ich bin so weit. Jetzt langsam und leise aus der Wohnung – nicht dass Emmi (unsere Tochter) wach wird. Okay. Aufwärmen – und los."

Bevor ich losgelaufen bin, hatte ich unterbewusst schon meinen Körper informiert, dass er sich schon mal bereit machen darf, denn gleich wird er krank. Während dem Laufen war es dann richtig spannend. Zu der Zeit wohnten wir an der schönen Bergstraße in Hessen. Weitläufige Felder, Berge im Hintergrund, ruhige Gegend. Morgens um 6 Uhr waren lediglich ich und vereinzelt ein paar hoppelnde Hasen zu sehen, die durch meine

Schritte etwas verschreckt in die Büsche hasteten, um mich dann schüchtern, hinter dem Schutz der grünen Büsche, zu beobachten. Während ich am Sportplatz vorbei joggte und die momentane Ruhe genoss, passierte es. Ein leichtes und doch merkliches Kribbeln in meiner linken Nasenhälfte. Da war es. Der kurze und doch manchmal heftige Moment vorm Niesen. Alles gut – sagen sich manche Menschen. Doch früher bedeutete für mich Niesen beim Joggen = Erkältung. Erkältung = Grippe. Grippe gleich Fieber und Fieber kurz vorm Tod.

In diesen 1,7 Sekunden Nasen-Nies-Reiz erlebte ich genau diese Bilder im Schnelldurchlauf: Vom Nasejucken bis – bumm – umgefallen. Schnell griff ich zum Taschentuch und stellte fest, dass Naseputzen mit Jogginghandschuhen etwas Übung braucht. Während dem Naseputzen sagte ich ständig zu mir, „Ich bin nicht krank“ und „Ich kriege keine Erkältung.“ Nun, das Universum versteht keine verneinten oder negativen Sätze. Ich habe an diesem Morgen ungefähr 30 Mal meine Erkältung bestellt – und auch geliefert bekommen. Und das innerhalb von 45 Minuten. Zuverlässiger als der Pizza-Lieferdienst.

Dass das Universum keine verneinten oder negativen Sätze kennt, ist ähnlich wie bei Kleinkindern. Sie haben auch einen „Nein/Nicht/Kein“-Filter im Ohr eingebaut. Sobald die Mutter dann in der Gefahrensituation ruft: „Nicht anfassen!“, versteht das Kleinkind „Anfassen!“ – okay. Gesagt. Getan. Gelernt.

Das Wünschen und Bekommen hatte bei mir auch wunderbar mit einem Mietwagen funktioniert. Ich hatte einen Leihwagen und aufgrund einer Baustelle in unserer Straße war es nur noch möglich, auf der Hauptstraße zu parken. Ich parkte das Auto so nah am Bürgersteig wie nur möglich. Diese Straße ist so eng, dass nur ein Auto einzeln durchpasst. Der Gegenverkehr schert dann in die freien Parkbuchten. Ich parkte das Auto und dachte für einen kurzen Moment, „Hoffentlich, fährt mir da keiner rein. Fahren schon viele Autos am Tag hier vorbei.“ Nun. Wie soll ich es beschreiben. Es ist genauso eingetreten. Gewünscht. Geliefert. Ich habe den Misserfolg geplant. Ich hatte sogar für einen Bruchteil einer Sekunde das Bild vor Augen von den Kratzern. Ja, der Schaden war in meinem Bild nicht an der Fahrertür, sondern am

Kotflügel – und interessiert das Klaus von der Autolackiererei, wo der Schaden ist? Nein. Nicht wirklich.

Wenn das Konzept nun vom Wünschen und Bekommen so gut bei negativen Ereignissen funktioniert, dann doch auch bei positiven.

RICHTIGES WÜNSCHEN

Einer der größten Wünsche meiner Frau war es, wieder im lebendigen Bessungen in Darmstadt zu leben. Wir wohnten zu der Zeit noch an der Bergstraße und der Wunsch, in Bessungen zu leben, war groß. Bessungen ist ein kleiner Stadtteil in der Nähe zu Darmstadts Innenstadt. Ein mediterraner Park mit dem wohlklingenden und nasalen Namen Orangerie liegt majestätisch im Mittelpunkt dieses lebhaften Stadtteils und strahlt die notwendige Ruhe aus. Kleine Cafés, Eisdielen und Restaurants reihen sich um den mit Palmen bepflanzten grünen Park. Hier ist Leben. Hier will meine Frau leben. Bessungen ist quasi das Kontrastprogramm zu unserer Wohnung an der Bergstraße. Wir wohnten an der Bergstraße, in einer Sackgasse, neben einem Altenheim und Friedhof. Die Chronologie: Sackgasse > Altenheim > Friedhof stellt für manche Menschen schon bereits den Kreislauf des Lebens dar. Wir nannten die Sackgasse, das Altersheim und den Friedhof liebevoll Das Dreieck der Ruhe – verständlich, sobald einem bewusst wird, dass das Durchschnittsalter in dem Ort 84 Jahre ist. Und das auch nur, weil wir noch da wohnten. Ich erinnere mich mit Schmunzeln zurück, als ich eines Tages mit meinem Auto aus unserer Sackgasse fuhr. Es war ein schöner Sommermorgen, die Vögel zwitscherten und wir hatten schon 25 Grad. Am Friedhof bog ich rechts ab und rollte langsam die Straße entlang. Vor mir fuhr eine ältere Dame – in gleicher Richtung – mit dem Rollator.

Die Dame war der Inbegriff der Ruhe. Links und rechts parkten Autos. Vorbeifahren war unmöglich. Die Dame schritt, in sich ruhend, Richtung Eisdiele. Es ähnelte einer Gehmeditation, so achtsam legte sie einen Fuß vor den anderen. ‚Soll ich hupen?', dachte ich für einen Moment und verwarf den Gedanken schnell wieder. Nachher würde ich die Dame so erschrecken, dass sie … 47 Rosen. 47 kleine rote Rosen zählte ich auf der Rückseite ihres Kleides. Mittlerweile war eine ganze Zeit schon vergangen. ‚Das waren mindestens 48 Stunden, zumindest gefühlte', dachte ich mir. ‚Wird Zeit, dass ich die Dame anspreche.' Ich öffnete meinen Sicherheitsgurt, machte den Motor aus und öffnete die Fahrertür. Ich ging zu der Dame, berührte sie sanft am Ellenbogen und sagte, „Guten Morgen, die Dame." Sie war über 80 Jahre alt und hatte weiße Locken sowie eine goldene Fliegerbrille auf. Ein bunter, mediterran wirkender Schal unterstrich die Lebensfreude im Gesicht der Dame.

Sie lächelte mich an und sagte: „Gell, ich habe Sie überholt?" Diese fünf Worte haben gereicht, um uns beide in lautes Gelächter zu bringen. Ich begleitete die Dame noch zum Bürgersteig und lief schmunzelnd zurück zu meinem Auto. Ich saß wieder im Auto und horchte noch mal die Ruhe. Vogelgezwitscher. Sonst nichts. Außer dem Klappern des metallenen Rollators. Ich habe verstanden, dass meine Frau „etwas" mehr Leben brauchte.

Gesagt. Getan. Meine Frau stöberte täglich im Internet nach Wohnungen und abonnierte Immobilien-Suchaufträge. Mindestens vier Zimmer, Balkon oder Garten, Dielenboden, Altbau, hohe Decken – zentral in Alt-Bessungen. Das war das Ziel. Das war der Wunsch. Wochen vergingen und wir suchten jeden Tag. Vor dem Einschlafen und kurz nach dem Aufstehen. Meine Frau verteilte sogar Flugblätter in Bessungen, um an Wohnungen zu kommen. Sie hatte die Wohnung bildlich direkt vor ihrem Auge. Nachdem wir es geschafft haben, jeden Tag im Prozess zu sein und Wohnungen zu suchen, haben wir dann mal losgelassen. Einfach mal nichts tun. Frei nach dem Motto: „Die Pizza habe ich jetzt beim Lieferdienst bestellt – die kommt jetzt auch." Und genau das passierte. Am dritten Tag des Loslassens kam ich, gemeinsam mit einer Freundin, aus dem Supermarkt und wir gingen zu meinem

Auto, wo meine Frau und Tochter auf uns warteten.

Ich öffnete die Tür und ein Freudenschrei schallte uns entgegen „Ahhhhhhh … Wir haben unsere Wohnung! Sie ist traumhaft!“ Unsere Freundin Alex kam aus dem Lachen nicht mehr raus. „Zeig sie mir“, sagte ich und meine Frau gab mir ihr iPhone, auf dem das Wohnungsexposé zu sehen war. Das ist also unsere Wohnung. Es war abends 19 Uhr. Auf dem Rewe-Parkplatz haben wir unsere Wohnung gefunden. Oder die Wohnung hat die neuen Mieter gefunden. Es war eine E-Mail von den aufgegebenen Immobilien-Suchaufträgen. Meine Frau rief sofort die Maklerin an. Die Mailbox ging ran: „Sie rufen außerhalb unserer Geschäftszeiten an, diese sind montags bis freitags von 9 bis 18 Uhr.“ Okay, morgen um 9 Uhr sind wir bei der Maklerin, um den Vertrag zu unterschreiben. Unsere Freundin Alex legte eine Augenbraue hoch und fragte: „Wieso? Ist die Wohnung schon euch? Da melden sich doch Dutzende Interessierte.“ Alex hatte recht.

Bessungen als Wohnort ist sehr begehrt und es ist normal, dass pro Wohnungsangebot über 50 Interessierte sich melden. Für meine Frau und mich war es jedoch klar. Die Wohnung ist uns – das wussten der Vermieter und die Maklerin bisher nur noch nicht. Ist ja nicht schlimm. Das erklären wir den beiden dann morgen. Jetzt fahren wir erst mal zu Alex nach Hause zum Grillen.

Nächster Morgen, 8:59 Uhr. Meine Frau steht freudestrahlend vor dem Immobilienmakler-Büro. Meine Frau öffnet die Tür zum Büro und sagt laut und liebevoll: „Guten Morgen. Esteban mein Name. Wir sind die neuen Mieter von der Seekatzstraße.“ Es gab keinen Zweifel, meine Frau wusste, dass die Wohnung uns ist. Sie grinste über beide Ohren und die Maklerin konnte sehen, wie verliebt meine Frau in diese Wohnung war. „Wie meinen Sie das?“, fragte die Maklerin, „Nun, ich möchte gerne den Vertrag unterschreiben und die Schlüssel zur Wohnung abholen“, sagte meine Frau zwinkernd. Die Maklerin verstand die Welt nicht mehr: „Ja, aber das geht doch nicht. Sie haben die Wohnung doch noch gar nicht gesehen und mein Terminkalender ist auch voll für heute und morgen.“ Meine Frau schmunzelte und erwiderte: „Das ist auch in Ordnung, ich unterschreibe sofort.“ – „Nein, so geht das nicht“, entgegnete die Maklerin, „Sie müssen die Wohnung doch zumindest vorher mal gesehen haben, warten Sie mal. Ich kann den einen Termin um 10 Uhr verschieben – dann sehen Sie zumindest die Wohnung. Klappt das bei Ihnen?", fragte sie. Meine Frau sagte freudestrahlend zu und wir fuhren nach Bessungen. Wir parkten unser Auto an der Orangerie, es war ein sonniger Frühlingstag. Die Vögel zwitscherten ihre schönsten Lieder und viele Pärchen spazierten händehaltend über die mit Kies bedeckten Wege. Wir gingen mit unserer dreijährigen Tochter Emmi noch mal frühstücken und liefen dann anschließend um 9:50 Uhr zu unserer neuen Wohnung. „Es wäre toll, wenn wir uns die Wohnung in Ruhe anschauen können und Emmi draußen spielen kann", meinte ich zu meiner Frau, als wir an den großen Palmen in der Orangerie vorbeigingen, „Jeden Moment kommt Emmis Tagesmutter um die Ecke mit ihrem Bollerwagen und hat noch einen Platz frei für Emmi", sprach ich weiter. Um es kurz zu machen: Wir liefen durch die Orangerie und wer kommt um die Ecke mit einem einzigen, freien Sitzplatz im Bollerwagen? Manu! Genau im richtigen Moment, denn die Maklerin stand bereits an der Haustür und beobachtete die Situation mit einem Lächeln. Als ich Emmi in den Bollerwagen setzte und zur Maklerin kam, sagte sie: „Sie bekommen auch, was Sie möchten, oder?", und lächelte mir zu.

Wir gingen in den ersten Stock. Das Treppenhaus war verziert mit alten, denkmalgeschützten Malereien im Jugendstil. Wir öffneten die Tür, gingen in die Wohnung und da war er – der Dielenboden. Jeder Schritt auf dem braunen Dielenboden, jedes Knacksen im Holz, jeder Geruch, jedes lichtdurchflutete Zimmer bestätigte es. Das ist unsere Wohnung. Ich stand mit der Maklerin auf dem Balkon und lud sie zu unserer Grillfeier ein. „Am 01. Mai stehe ich hier, die Sonne scheint und ich grille genau hier leckere Würstchen und Steaks. Ich höre schon das Brutzeln und Knistern des Grills und das Lachen der Gäste zur Einweihung." Die Maklerin kicherte und fragte mich, ob ich sie bestechen wolle. „Nein", sagte ich ruhig und aus tiefer Überzeugung, „ich lade Sie zu unserer Einweihungsfeier ein."

Eine Stunde später klingelte unser Handy. „Hallo Frau Esteban. Sie haben die Wohnung. Bitte kommen Sie in drei Tagen zur

Vertragsunterzeichnung und bringen Sie bitte auch Ihren Mann mit." Meine Frau und ich freuten uns wie zwei kleine Kinder. Jetzt durften wir der Maklerin nur noch beibringen, dass wir den Vertrag nicht in drei Tagen unterschreiben, sondern in den nächsten zwei Stunden. Ich hatte an dem Tag nämlich einen Flug in die USA und wurde um 16 Uhr abgeholt.

Um es kurz zu machen: Um 19 Uhr abends haben wir die Wohnung das erste Mal per Suchauftrag gesehen. Am Folgetag um 13 Uhr haben wir den Vertrag unterschrieben. Innerhalb dieses Zeitfensters gingen über 60 Bewerbungen ein, informierte uns die Maklerin. Das war alles Nebensache für uns – wir wussten, die Wohnung ist uns. Es gab keinen Zweifel – nicht einen Moment. Wir haben sie uns gewünscht und bekommen.

Sich etwas zu wünschen und keinen Zweifel daran zu haben, es nicht zu schaffen, wird in der Psychologie auch der Roger-Bannister-Effekt genannt. Dieser Effekt geht zurück in die 50er-Jahre, als Leichtathleten lange Zeit davon ausgingen, dass kein Mensch es schaffen würde, eine Meile unter vier Minuten zu laufen. Bis Roger Bannister im Jahre 1954 diese herausfordernde Glaubensbarriere durchbrach. Bannister wollte dieses Ziel erreichen, glaubte an sich und hat es vorher in seiner Vorstellungskraft schon 100 Mal erreicht. Im gleichen Jahr erreichten noch 37 weitere Läufer die Vier-Minuten-Marke. Ein Jahr später waren es schon über 300 Läufer. Der Wille und der Glaube an sich, die Vorstellung, es schon erreicht zu haben, und der Fokus auf dieses eine Ziel machten es möglich. Roger Bannister war der erste Mensch, der die Vier-Minuten-Glaubensgrenze besiegte.

Es ist wichtig, dass du das Ziel immer im Fokus hast. Es gibt Höhen und Tiefen bei der Zielerreichung. Öfters sind es Tiefen. Gerade hier ist es notwendig, dass du weiter an dich und an die Zielerreichung glaubst. Es gibt keinen Zweifel, dass du es nicht schaffen könntest. Du schaffst das. Es ist wichtig, dass du dir das jeden einzelnen Tag sagst und auch daran glaubst. Denn: Das was du denkst, sagst du auch und handelst danach. Fokussier dich auf dein Ziel und bleib dran.

Fokus auf das Wesentliche

- Wünsche gehen in Erfüllung, sobald Menschen dazu bereit sind. Sofern auch nur der kleinste Zweifel existiert – wird es nichts.
- Um die Vorstellungskraft zu intensivieren, ist es wichtig, so real wie möglich im Ziel zu sein. Treffe dich mit Menschen, die das Ziel schon erreicht haben. Rede darüber und fühl dich richtig rein. Frag die Menschen, wie sie ihr Ziel erreicht haben. Gehe der Struktur auf den Grund – nicht dem Inhalt.
- Lebe im Ziel, denke so, als hättest du dein Ziel schon längst erreicht. Es gibt keine Zweifel. Teile deine Ziele mit anderen Menschen, mach es öffentlich und schwing dich jeden Tag in dein Ziel. Träume jeden Tag und lebe deinen Traum. Mit allen Sinnen. Dann geht er in Erfüllung. Bestellt. Geliefert!

INTERVIEW KAI BRUNE

„Egal was du tust – tu es gut."
Kai Brune

VITA

Kai Brune, geboren am 4. August 1969 in Bochum, ist Geschäftsführender Gesellschafter der Henschel Gruppe. Die Unternehmensgruppe besteht aus fünf Modehäusern, mit zwei Filialen in Darmstadt sowie Filialen in Heidelberg, Michelstadt und Lübeck.

Für einen familienfremden Manager wurde er mit vergleichsweise jungen 33 Jahren Geschäftsführer der Unternehmensgruppe.

Noch heute ist die Henschel Gruppe ein reines Familienunternehmen. Seit dem Jahr 2003 ist die Familie Henschel/Koch unter Beteiligung der Geschäftsführer Dr. Moritz Koch und Kai Brune alleiniger Eigentümer des Unternehmens. Kai Brune ist somit der einzige Miteigentümer, der nicht zur Henschel-Familie gehört.

Sobald Sie zurückblicken auf Ihr bisheriges Leben, was war das größte Ziel, das Sie erreicht haben?

Den besten Job der Welt zu bekommen.

Woher wussten Sie, was Ihr Ziel ist?

Ich gehöre zu denen, die nicht von Kindesbeinen an eindeutig wussten, was sie mal werden wollen, frei nach dem Motto „Mein Papa ist Arzt, ich werde Arzt". Meine Ziele haben sich entwickelt, unter anderem auch aus der Definition, was ich nicht machen wollte. Ich komme zwar aus guten Familienverhältnissen, bin aber nicht mit dem goldenen Löffel gefüttert worden.

Meine Mutter sagte immer zu uns, „Egal was ihr tut, macht es gut." – Dieser Satz ist immer noch prägend für mich und begleitet mich im Leben. Natürlich hatte ich auch meine Höhen und Tiefen.

Mit sieben Jahren bin ich eingeschult worden. Die sechste Klasse durfte ich zweimal genießen – wegen Mathe und Musik. Und das einfach nur aufgrund von Faulheit.

Auf dem Weg zu meinem Ziel habe ich viele Stationen gehabt, die mich geprägt haben. Bereits mit 16 Jahren habe ich angefangen, neben der Schule zu arbeiten. Ich war mir für nichts zu schade: Ich habe in der Summe drei Monate unter Tage im Bergbau gearbeitet, in Stahlwerken mein Geld verdient, in der Woche gekellnert, während meine Freunde schon schliefen, und Gastronomen angeboten, mit dem Hochdruckreiniger die Stühle für 1 DM pro Stück zu säubern. Vier Jahre hatte ich während meines Hochschulstudiums parallel einen Halbtagsjob. In vielen dieser Tätigkeiten habe ich zig Menschen kennengelernt, die nur von „montags bis freitags" denken. Menschen, die die Tage runter gezählt haben bis zum Wochenende und gefühlte dreihundert Mal pro Tag auf die Uhr schauten, bis der Arbeitstag zu Ende war. Das war nicht meine Welt. Das wollte ich auf gar keinen Fall in meinem Leben. Es war für mich klar, dass ich etwas machen wollte, das meinen Geist fordert und selbstständiges Arbeiten ermöglicht.

In meinem Elternhaus war es keine Pflicht, zu studieren. Zu Beginn des süßen Studentenlebens hatte ich dann auch noch mal probiert, wie sich Faulheit auf das Studium auswirkt. Allerdings hat dieser „Schuss vor den Bug" in mir große Antriebskräfte freigelegt, sodass ich meinen Studienschwerpunkt mit einer glatten 1 in dem Fach Planung und Organisation abgeschlossen habe, was vor mir seit 10 Jahren an der Universität nicht erreicht wurde. Mir wurde bewusst, dass ich je nach Lust und Laune offensichtlich eine beträchtliche Brandbreite der Zielerreichung in mir habe.

Nach dem Studium bin ich recht schnell Filialleiter bei einer großen, bekannten Bekleidungskette geworden. Ich habe in den sechs Jahren meiner Tätigkeit drei Filialen geführt – hatte fast die gesamte Zeit sehr gute Vorgesetzte, nur zum Ende leider einen schlechten. Das brachte mich zum Nachdenken.

Ich habe festgestellt, dass es viele Leute gibt, die ein maximal durchschnittliches Gehalt haben, aber extrem viel arbeiten. In manchen Firmen schien es sogar so, als wenn es nicht um Ergebnisse, sondern um Anwesenheit gehen würde.

Und dann gibt es die Leute, die mit einem relativ normalen zeitlichen Arbeitseinsatz ein sehr gutes Gehalt erhalten, eine hohe Entscheidungskompetenz innehaben und top Ergebnisse erzielen. Es gibt also offensichtlich nur eine schwache Korrelation zwischen persönlichem Erfolg und der Menge der Arbeitsstunden. Folglich mussten diese Menschen mit durchschnittlichem Arbeitseinsatz etwas tun, das effektiver ist.

Ein notwendiger, aber nicht sinnloser Zeiteinsatz, Selbstbestimmtheit, hohe Verdienstmöglichkeiten und Spaß dabei zu haben waren alles Prädikate, die mir gefallen haben. Und das wollte ich dann auch. Ich wollte nach oben. Allerdings nicht im elitären, angeberischen Sinne, sondern hin zu Entscheidungskompetenz, Verantwortungsbereitschaft und Selbstbestimmtheit. Meine Leidenschaft, etwas bewegen zu können, frei zu sein. Es gibt immer irgendwo Menschen, die etwas besser können als ich. Ich wollte jedoch aus mir alles rausholen, was mir für mich realistisch erschien.

Der Moment, in dem ich wusste, dass ich Geschäftsführer werden wollte, war da und nicht mehr weg zu diskutieren. Mir war klar, dass ich als Filialeiter im Verbund eines Einzelhandelskonzerns relativ geringe Entscheidungsfreiheiten habe. Bei Konzernen haben Filialeiter vor allem möglichst bedingungslos die Aufgabenstellungen der Zentrale umzusetzen. Obwohl es durchaus glänzende Verdienstmöglichkeiten gab: Das wollte ich nicht. Freiheit ist für mich der größte Wert, den ich konsequent verfolge. Frei zu arbeiten und Verantwortung zu tragen. Sobald ich frei bin und Handlungsspielraum habe, bin ich erfolgreich. Dann leiste ich den maximalen Wert für das Unternehmen – und das mit Begeisterung.

Innerhalb von sechs Jahren habe ich mein Ziel erreicht:

Von der Einstellung im ersten Bekleidungsgeschäft bis zum Geschäftsführer.

Das Erreichen Ihres Ziels auf drei Begriffe beschränkt – welche sind das?

Ziel artikulieren – anvisieren – konsequent verfolgen.

Was oder wer hat Sie während der Zeit der Zielerreichung begleitet?

Meine Frau. Sie hat alles mitgemacht. Sie hat mich über die ganze Zeit unterstützt, während der ganzen Reisen und Überstunden. Meine Frau war schon immer Sparringspartner für mich und hat mir geholfen, mich auf das zu fokussieren, was zählt. Viel zu häufig schon hat sie ein offenes Ohr für mich haben „müssen".

Neben meiner Frau haben mich noch weitere Menschen inspiriert. Ich bin mir sicher, dass ich meine Ziele schneller erreiche, sobald ich mich mit Menschen treffe, die so ein Ziel schon erreicht haben.

Wie haben Sie es gemacht, Ihre Ziele zu erreichen?

Ich habe mich auf das Positive konzentriert. Einer der wesentlichen Punkte, der mich ausmacht, ist, dass ich nach vorne schaue. Die Vergangenheit ist vergangen. „Akzeptiere Dinge, die du nicht ändern kannst" ist einer meiner Leitsprüche, der nicht immer leichtfällt. Dann konzentriere ich mich darauf, was jetzt der nächste Schritt ist. Alles im Leben hat zwei Seiten. Dieselbe Sache kann man positiv oder negativ sehen. Man kann sich einen Porsche kaufen und sich darüber freuen. Man kann sich allerdings auch über den hohen Preis für ein Auto ärgern. Die positiv eingestellten Menschen können den Moment genießen. Es hat alles eine Schatten- und eine Lichtseite. Der wichtige Punkt ist, für welche Seite du dich entscheidest. Jeden Tag aufs Neue auf das Positive schauen und die Chancen zu sehen, das motiviert mich. Das Positive Denken und der Optimismus sind die Faktoren für eine erfolgreiche Zielerreichung. Aber ohne blauäugig zu sein, sondern gepaart mit einem knallharten Realismus. Auch der Faktor Glück spielt häufig eine gewisse Rolle, aber: Die eine Hälfte im Leben ist Glück, und die andere ist Können. Und wer kein Können hat, kann mit dem Glück nichts anfangen.

Wie haben Sie sich motiviert, dranzubleiben?
Das Ziel vor den Augen zu haben war die Hauptmotivation. Daneben auch durch die vielen Negativbeispiele. Menschen zu sehen, die jeden Tag einem Job nachgehen und sich dabei tagtäglich quälen. Das wollte ich nicht. Ich wollte Freiheit. Ich wollte das machen, was mir Spaß macht. Denn das, was ich mache, versuche ich, stets gut zu machen.

Welche Botschaft haben Sie an die Leser?
Die meisten Menschen nehmen sich zwar etwas vor, sind aber zu faul, konsequent daran zu arbeiten, oder fangen gar nicht erst an. Dies gilt umso mehr, je weiter das Ziel entfernt liegt. Die jährlichen Wünsche zu Silvester sind der beste Beweis.

Man sollte bei der Zielfindung ehrlich in sich hineinhorchen, ob das Ziel realistisch ist. Wie sieht es bei den ganz kleinen, alltäglichen Dingen aus? Wie konsequent bist du tatsächlich? Schaffe ich eigentlich im Regelfall das, was ich mir vornehme? Wenn ich z. B. am Samstag den Schrank reparieren will: Bin ich jetzt drangeblieben, bis der Schrank wieder funktioniert? Und auch wenn ich noch mal zum Baumarkt fahre, weil eine Schraube fehlt. Oder habe ich wieder mit verschiedenen Gründen abgebrochen? Nein! Ich bleibe heute dran und zwar so lange, bis dieser Schrank wieder funktioniert. Hör in dich rein und frag dich selbst: Rede ich eigentlich nur über Ziele, die ich erreichen möchte – oder tu ich auch alles Notwendige dafür? Das Setzen unrealistischer Ziele und deren Nichterreichung führen dauerhaft nur zu Frust.

Das Entscheidende dabei ist, den Fokus auf das zu richten, was wichtig ist. Ich muss nicht auf allen Hochzeiten tanzen, ich möchte auf den Hochzeiten tanzen, die mir was bedeuten und für das Ziel unmittelbar wichtig sind. Ich muss nicht überall der Beste sein, ich will der Beste sein in den Sachen, die mir wichtig sind. Bei allen anderen Bereichen bin ich gelassen.

Hör auf zu jammern und tu etwas! Verschwende deine Energie nicht mit Selbstmitleid. Denk nicht darüber nach, wer es leichter hatte, sein Ziel zu erreichen. Die gibt es immer. Nutze deine Energie ausschließlich zur Zielerreichung. Leb dein Leben, nicht das eines anderen. Bleib dran, sei konsequent und sei effektiv.

TEIL III – Fokus auf das Ziel

„Ein kluger Mann wird sich mehr Gelegenheiten schaffen, als sich ihm bieten.“

Francis Bacon

6. ZIEL DEFINIEREN

„Nur wer sein Ziel kennt, findet den Weg."

Laozi

Darauf fokussierst du dich in diesem Kapitel:

- Wieso es wichtig ist, Ziele zu haben.
- Wie du deine drei großen Lebensziele identifizierst.
- Wieso es hilft, sich das Zielbild bereits vorzustellen.

Was ist für dich konkret Erfolg? Für manche ist das die Gewichtsabnahme, für andere ist es das erste Mal alleine Auto zu fahren, für andere ist es, einen Partner gefunden zu haben. Du darfst erst mal für dich definieren, was konkret Erfolg für dich ist. Was ist das, was du dir wirklich wünschst und vorstellst. Was ist dein Ziel, wo willst du hin in deinem Leben? Sobald du das klar hast, dann findest du auch den Weg dahin.

Das Eingeben eines Ziels in ein Navigationsgerät versinnbildlicht das Ganze. Du darfst in dein Navigationsgerät eingeben, wo du hinwillst, und dann ist das, was du willst, auch das, was du erfolgreich bekommst. Du gibst doch auch nicht in dein Navigationsgerät „Weg von zu Hause“ ein, sondern eine konkrete Adresse.

Du darfst dir bewusst machen, was das Ziel hinter dem Ziel ist. Manche Menschen sagen, sie möchten gerne einen Marathon laufen. Für manche dieser Menschen geht es allerdings nicht um das Marathonziel, sondern darum, fit zu sein und die Anerkennung von anderen Menschen zu erhalten.

Steve Jobs hat es ganz treffend formuliert in seiner Biographie, als er über Unternehmensgründungen sprach: „Never start a company with the goal of getting rich. Your goal should be making something you believe in and making a company that will last.“ Was Steve Jobs damit unterstrich: *Starte niemals ein Unternehmen mit dem Ziel, reicher zu werden. Dein Ziel sollte es sein, etwas zu erschaffen. Etwas zu erschaffen, woran du tief glaubst, denn dann wird es erfolgreich und wirtschaftlich.*

Du darfst herausfinden, was dein Ziel ist. Hast du es bereits klar vor dir? Dann mach dir Gedanken darüber, was dein Ziel hinter dem Ziel ist. In den nächsten Kapiteln darfst du genau das identifizieren. Das „Was“ im Schritt 1 des Goal Camps ist ein wichtiger Basisbestandteil deines Ziels.

Focus First Goal Camp

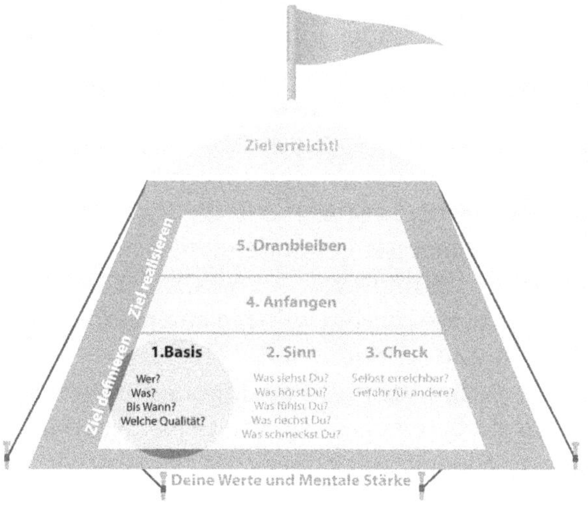

Schreib die wichtigsten Fakten deines Zieles so konkret wie möglich auf. Menschen, die ihre Ziele schriftlich fixieren, erreichen eher ihre Ziele. Dazu gibt es bereits etliche Untersuchungen und Studien. Die bekannteste Studie ist die Harvard-Studie.

Im Jahr 1979 wurde eine Studie an der Harvard-Universität gestartet, um herauszufinden, wie effektiv das Aufschreiben von Zielen ist. Die zwanzigjährige Langzeit-Studie verfolgte den Werdegang von Absolventen, beginnend mit dem Tag des Abschlusses an der Harvard-Universität. Die Studie teilte die Abgänger in drei Gruppen: In der Gruppe 1 waren die Abgänger, die sich keine konkreten Karriereziele gesetzt haben. Gruppe 2 beinhaltete die Abgänger, die konkrete Karriereziele hatten – diese allerdings nicht schriftlich niedergelegt oder visualisiert haben. In Gruppe 3 waren Abgänger, die konkrete Zielsetzungen schriftlich fixiert haben. Das Ergebnis der Studie war erstaunlich: 83 Prozent aller Harvard-Absolventen hatten keine konkrete Zielsetzung für ihre Karriere und waren daher in Gruppe 1. Nur 14 Prozent der Absolventen hatten eine klare Zielsetzung, diese jedoch nicht schriftlich fixiert (Gruppe 2). Allerdings hatten die Absolventen dieser Gruppe 2 ein 3-fach höheres Einkommen als Gruppe 1. Somit machte die Gruppe 3 lediglich nur 3 Prozent aller Absolventen aus. Nur 3 Prozent aller Harvard-Abgänger hatte eine klare Zielsetzung und diese schriftlich niedergelegt. Diese kleine Gruppe hatte allerdings ein 10-fach höheres Einkommen als die Gruppe 1, die keine festen Ziele hatte.

Daraus lässt sich schlussfolgern, dass es nur wenige Menschen gibt, die tatsächlich Ziele verschriftlichen, und dass genau diese Menschen überproportional erfolgreich sind in ihrer Zielerreichung. Diese Erkenntnis lässt sich auf alle Ziele ausweiten und ist nicht nur an Karriereziele gebunden.

Träume viel und träume groß – vor allem aber: Hab Ziele. Mach dir Gedanken, wo du sein willst in einem Jahr, in fünf oder in zwanzig Jahren und schreib es auf.

Wir leben durchschnittlich 29.000 Tage auf dieser Erde. Wie viele davon hast du bereits genutzt, um deine Lebensziele zu erreichen? Beginne wieder zu träumen und fang an, was du schon immer anfangen wolltest!

DENKE SO, ALS HÄTTEST DU ES SCHON ERREICHT

Wie oft bist du zu Verabredungen gegangen und du dachtest: „Oh Mann … wenn der Peter wieder so einen blöden Spruch loslässt … dann gibt's aber was." Wie oft kam es schon vor, dass du tagelang Bauchschmerzen hattest, weil du zu einer Besprechung musstest, an der kein Weg vorbeiging.

Um was geht es konkret? Nimm eine Situation, die in nächster Zeit ansteht und auf die du wirklich keine Lust hast oder die herausfordernd für dich ist. Das kann die Gehaltsbesprechung mit deinem Vorgesetzten sein, der „Das wird bestimmt lustig"-Nachmittag mit deinen Bekannten oder der Frühjahrsputz der Messi-Wohnung deiner 120-jährigen Großmutter Annegret aus Ur-Schlesien. Fühl dich rein und stell dir vor, wie du zum Beispiel am Ende der Gehaltsverhandlung lächelnd die Hand deines Vorgesetzten schüttelst und dich für die Gehaltserhöhung bedankst. Du siehst dich in dem Büro mit ihm, hörst die typischen Bürogeräusche, Sonnenstrahlen durchfluten das Büro, du hast eine souveräne Haltung, du bist glücklich. Du kriegst die Gehaltserhöhung. Das ist ganz klar. Du hast die Gehaltserhöhung schon längst erhalten.

Wichtig ist, sich das Bild konkret im Kopf zu erstellen, sinnlich-konkret. Also mit allen Sinnen, was du siehst, hörst, fühlst, vielleicht sogar riechst oder schmeckst. Je konkreter, desto besser. Hol dir dieses Bild sooft wie möglich wieder herbei, bevor du in die Gehaltsverhandlung gehst. Dein Körper entspannt sich automatisch und richtet sich auf die Endsituation aus. Du bist entspannt. Dein Körper sendet unterbewusst und automatisch, im kompletten Gespräch mit deinem Vorgesetzten, diese positiven Signale. Dein gesamter Körper und dein Denken wollen nämlich unbedingt diese tolle Erfahrung noch einmal erleben, die du dir von Anfang an mit allen Sinnen vorgestellt hast.

Deine Ziele so vor dem inneren Auge zu sehen, zu fühlen und alles andere wie Geräusche wahrzunehmen ist unglaublich mächtig. Die Größe der Ziele ist dabei völlig gleich: Willst du, dass die Bäckereiverkäuferin dich anlächelt? Bau dir die Szene in deinem Kopf und stell es dir bereits vor. Sie hat dich bereits angelächelt.

Dr. Charles Garfield, Professor und Autor aus Kalifornien, hat eine ausführliche Studie zu High-Performern gemacht. Ihn hat es schon immer fasziniert, Menschen zu beobachten, die Höchstleistungen erreichen, und er wollte herausfinden, wie genau sie das machten. Das Thema begeisterte ihn so sehr, dass er neben seinem Doktor in Mathematik noch einen in Psychologie draufsetzte. Angefangen hatte seine Begeisterung, als er bei der NASA arbeitete und den Astronauten beim Training zuschaute. Er war fasziniert von den Trainings und den Generalproben, zu sehen, wie oft die Astronauten auf der Erde eine bestimmte Situation proben, um sie dann perfekt im Weltall auszuführen. Eines seiner Haupterkenntnisse war, dass fast alle weltbesten Athleten alles vor der Aktion visualisierten, wie die NASA-Astronauten. Sie sehen das Ziel, sie fühlen es, sie erfahren es und malen sich die Situation aus, bevor sie es tatsächlich tun. Sie machten das, ohne zu wissen, dass sie das taten – es war einfach da. Sie begannen mit dem Ziel im Kopf.

Und genau das kannst du in jedem Bereich und für jede Situation in deinem Leben machen. Vor jeder Vorstellung, schwierigen Diskussion, täglichen Herausforderungen im Alltag: Mal dir das positive Ziel aus – bevor du anfängst. Und schau dir deine aufgebaute, positive Szene in deinem Kopf immer wieder an. So lange, bis es ganz klar für dich ist. Du erreichst dein Ziel. Du hast dein Ziel bereits erreicht. Es ist ganz klar – du erreichst das, was du dir vornimmst.

Mit der Vorstellung, dass du das Ziel bereits erreicht hast, erweiterst du auch deine Komfortzone und damit auch deine Fähigkeit, mit neuen Situationen erfolgreich umzugehen. Deine rechte, kreative Gehirnhälfte ist einer deiner wertvollsten Schätze, die du hast – nutze sie voll aus.

Wichtig ist, dass du dir die Situation so real wie nur möglich machst. Was siehst du in dem Moment deiner Zielerreichung? Was hörst du, was riechst und schmeckst du? Und was fühlst du? Mach dir gute Musik an oder finde einen ruhigen Platz. Stell dir die Situation genau vor. Jedes Detail und sei es noch so klein. Warum das wichtig ist? Unser Hirn unterscheidet nicht zwischen realen und fiktiven Situationen, wenn es um die Glücksgefühle geht. Sobald du dir eine Situation mit allen Sinneseindrücken vorstellst, hat das einen sehr ähnlichen Effekt, als hättest du die Situation live erlebt.

Du machst somit dein Ziel sinnlich konkret. Durch das Träumen oder Vorstellen der Zielerreichung bringst du dich in einen assoziierten Zustand. Du siehst in deiner Vorstellung beim Träumen wie aus deinen eigenen Augen. Als wärst du tatsächlich da – vor Ort in deinem eigenen Körper. Und da du es fiktiv schon erlebt hast und dein Ziel schon erreicht hast, möchte dein Hirn unbedingt auch das reale Ziel erreichen.

Fokus auf das Wesentliche:

- Du erstellst dir Bilder, die du dann auch unbedingt erreichen möchtest.
- Durch die positiven Ergebnisse in deiner Vorstellung richtet sich dein Handeln und Sprechen automatisch auf Erfolg ein.
- Sobald dein Denken, Sprechen und Handeln positiv ist, bist du auch erfolgreich.

INTERVIEW CLAUDIA LUDWIG

„Wählt das, was euch Spaß macht, auch wenn es im ersten Moment vielleicht aussichtslos wirkt.“

Claudia Ludwig

VITA

Claudia Ludwig, geboren in Darmstadt 1960, hat an der Frankfurter Goethe-Universität Germanistik, Geschichte, Politikwissenschaften und Pädagogik studiert und in Literaturwissenschaft promoviert.

Nach ihrem Staatsexamen hat sie beim Hessischen Rundfunk ihre journalistische Karriere begonnen – zunächst als Hörfunkreporterin und -moderatorin. Nach einem Redaktionsvolontariat arbeitet sie als Redakteurin, Autorin und Moderatorin hauptsächlich fürs Fernsehen – neben dem HR auch für den BR und WDR. Mehr als 20 Jahre lang war sie das Gesicht von „Tiere suchen ein Zuhause“. Danach folgte die Moderation von „Schluss mit Mobbing“ auf Sat1.

Seit 2013 moderiert sie die Sendung „Pfotenhilfe – Die Tiervermittlung“ auf *www.tiervision.de.*

Woher wussten Sie, was Ihr Ziel ist?

Ich hatte immer sehr große Ziele und mir wurde nichts in die Wiege gelegt. Bei meinen Eltern musste ich mich durchsetzen, da ich schon sehr früh wusste, was ich will. Als Kind war mir schnell klar, dass Tiere ein Lebensbestandteil von mir sind. Als ich in der Schule noch nicht das Fach Geschichte hatte, wusste ich schon, dass ich das später mal studiere. Das habe ich dann auch getan. Als Schülerin und Studentin habe ich im Staatstheater als Hostess gearbeitet und als dort der Büchnerpreis verliehen wurde, dachte ich mir: Den möchte ich auch einmal bekommen! Das hat leider (noch) nicht geklappt und dennoch hatte ich immer große Ziele. Als Journalistin dachte ich mir, dass ich mit 30 Jahren als Moderatorin bekannt sein möchte. Ich wollte schon immer die Welt verändern.

Zusammengefasst: Mit 30 bekannt zu sein in Film und Fernsehen; etwas zu bewirken.

Wie haben Sie es gemacht, Ihre Ziele zu erreichen?

Ich habe schon damals in der Schule ans Berufliche gedacht. Andere dachten ans Heiraten und Kinderbekommen. Klar, jetzt ist mir meine Familie sehr wichtig. Nur, als Kind habe ich einfach weitergedacht. Ich träumte viel von meinen großen Zielen. Das mache ich auch heute noch. Ich habe lustvoll geträumt. Konkret geträumt. Ich bin, glaube ich, ein sehr fantasievoller Mensch. Sobald ich mir mein Ziel in meinem Gedanken vorstelle, dann schaue ich manchmal während dem Träumen wie aus meinen eigenen Augen, als wäre ich tatsächlich in der Situation. Und dann gibt es wieder andere Träume, in denen ich mich als Person auf der Bühne stehen sehe, wie aus einer Kameraperspektive. Ich träume viel und gern und denke über meine Ziele eher unbewusst nach. Beim Spazierengehen oder Autofahren. Ich denke viel nach und habe viele Ideen.

Was oder wer hat Sie während der Zeit der Zielerreichung begleitet?

Da hatte ich niemanden. Allerdings haben mich viele Menschen geprägt in meinem Leben. Ich bin ein sehr kommunikativer Mensch. Ich habe immer mit Freunden geredet, die viel Ahnung von einem bestimmten Thema hatten. Und da habe ich mich auch angestrengt, weil ich nicht als kleines Dummchen dastehen wollte. Ich habe mich angestrengt, interessante Freunde zu haben. Nicht weil ich dachte, dass die mir vielleicht den Weg ebnen. Ich wollte Leute um mich herum haben, von denen ich etwas lernen kann.

Sobald ich mich mit Menschen treffe, die wissen, wie es geht, kann ich von denen viel lernen und auch schneller meine Ziele erreichen.

Meine Eltern haben mich immer gebremst. Das war eine unbewusste und sehr geschickte Methode, mich anzuspornen. Meine Eltern haben viel von Krieg und von der Vertreibung erzählt. Mein Vater war sehr gebildet und hatte damals trotzdem nicht die Chance, sein Abitur zu machen, sondern war ein einfacher Arbeiter. Meine Mutter war Hausfrau. Mein Vater hat mir quasi die Tiere nähergebracht. Wir sind, als ich noch klein war, Vögel beobachten gegangen. Von ihm habe ich die Liebe zu den Tieren bekommen. Da ich aus einer Arbeiterfamilie stamme, hatte ich auch immer in der Schule das Gefühl, mich beweisen zu müssen. Ich habe auch mein Abitur vorgezogen. Da ist meine Mutter fast vom Hocker gefallen.

Wie haben Sie sich motiviert, dranzubleiben?

Mit Fleiß und Disziplin. Ich habe mir sehr viel erarbeitet. Dadurch, dass mein Vater sehr früh starb, habe ich auch nichts geerbt. Also war ich für mich selbst verantwortlich. Daher war ich auch sehr beruflich orientiert. Ich habe viele Nächte durchgearbeitet. Als ich dann erfolgreich war, war ich mir auch nicht zu schade, die kleinen Aufträge anzunehmen. Wie zum Beispiel einen kleinen Film, der eben nicht sehr viel Geld einbringt, allerdings hat mich das Thema interessiert. Mir war es wichtig, nicht größenwahnsinnig oder arrogant zu werden.

Belastbarkeit ist auch sehr wichtig. Das fiel mir bisher immer leicht, da ich sehr belastbar bin. Nur, dadurch stoße ich manchmal auch an die Grenzen meiner Mitmenschen. Ich bin sehr lange munter, nur der eine oder andere dann nicht mehr.

Man muss die gesunde Dialektik, zwischen Träumen und total bodenständig zu sein, schaffen. Man muss dranbleiben und auch das wählen, was man will. Ich habe zum Beispiel das studiert, was ich wollte. Germanistik. Ich wollte das studieren, wo ich auch Spaß dabei habe. Das ist einfach ein Schlüssel zum Erfolg. Etwas zu machen, was einem Spaß macht und worin man gut ist.

Das klingt jetzt vielleicht komisch und da bin ich auch überhaupt nicht zufrieden mit mir. Ich bin sehr unstrukturiert. Ich nehme mir viel zu viel vor. Kann aber auch am Ende des Tages damit leben, wenn nicht alles geklappt hat. Die Sachen, die klappen müssen, die klappen auch. Da gehe ich dann auch später ins Bett, und zwar erst dann, wenn es abgeschlossen ist.

Ich glaube auch, dass es wichtig ist, seinen eigenen Lebenssinn zu verfolgen. Dazu muss man erst mal seinen Lebenssinn finden. Nur sobald man diesen gefunden hat, kommt die Motivation von alleine und Menschen bleiben hartnäckig an ihren Zielen. Sie machen das, was ihnen einfach Spaß macht und sie erfüllt. Der Sinn kann es schon sein, etwas zu bewirken. Etwas zu verändern. Auch ganz banal zu sehen, wie ich meinen Hunden das Leben gerettet habe und sie jetzt ein glückliches Leben haben. Das macht für mich Sinn. Ich kenne eine Frau, die Bienen rettet. Sie sagt, dass es ihr gut geht und sie der Welt einen Fingerabdruck hinterlassen muss. Sie setzt sich für die Bienen ein. Das sind Menschen, die es eigentlich gar nicht nötig hätten und dennoch etwas Gutes tun möchten. Auch für andere da zu sein. Ich bin für die Tiere da. Ich war zurzeit als ich beim HR arbeitete auch Seelsorger für die Zuschauer. Ich hätte mich unwohl gefühlt, hätte ich die Telefonate abgeblockt. Oder die Taube gestern vorm Supermarkt, die nicht mehr fliegen konnte. Ja, hätte ich sie sitzen lassen, hätte ich einen einfacheren Tag gehabt und trotzdem hätte ich mich nicht wohlgefühlt. Auch mal sehen, wie es einem denn eigentlich geht. Ich hatte auch Momente, wo ich mich über Dinge aufgeregt habe oder niedergeschlagen war und dann habe ich viel schlimmere Dinge bei anderen Menschen gesehen und gemerkt, wie klein doch meine Probleme sind.

Es gab natürlich nicht nur Höhen in meinem Leben, auch Täler. Man muss auch damit leben, wenn mal etwas nicht klappt. Gerade wenn man sich auf einen Job bewirbt, auf den alle scharf sind.

Früher war es so, dass wenn etwas nicht ging, kam auch immer wieder etwas Neues. Nur jetzt bin ich in einem Alter, wo das nicht mehr so ist. Gerade was das Fernsehen betrifft. Dann lebe ich auch damit, dass ich bestimmte Ziele nicht mehr erreiche. Jetzt nutze ich einfach die Zeit und mache Sachen, für die ich keine Zeit hatte. Drehbücher schreiben! Wichtig ist es, aus diesem Tal wieder schnell rauszukommen. Ich trauere nur kurz vor mich hin, falls etwas nicht geklappt hat, und träume dann, was ich vielleicht mit demjenigen machen würde, der das so entschieden hat (lacht). Es haut mich nicht um. Ich denke dann auch immer daran, was ich schon erreicht habe. Ich habe drei gesunde Kinder, eine glückliche Ehe, tolle Hunde und habe eine alte Villa, die ich mir immer gewünscht habe. Und das muss man sich in solchen Momenten sagen, wenn man meint, es geht nix mehr.

Das heißt, immer dranbleiben und nicht aufhören oder resignieren. Dazu gehören auch ganz profane Sachen wie jeden Tag 10 Vokabeln mit dem Sohn zu lernen. Das ist auch wichtig. Oder regelmäßig joggen.

Das Erreichen Ihrer Ziele auf drei Begriffe beschränkt – welche sind das?

Kreativität, Belastbarkeit, Willensstärke (Bonus: Kompetenz).

Welche Botschaft haben Sie an die Leser?

Wenn du in dem Alter ist, wo du dir etwas aufbaust, also zwischen 17 und 25, dann strengt euch richtig an. Ihr könnt Spaß haben und euch auch bemühen. Wählt das, was euch Spaß macht, auch wenn es im ersten Moment vielleicht aussichtslos wirkt. Macht das, was euch Spaß macht und in dem ihr automatisch gut seid.

7. ZIEL KONKRETISIEREN

„Viele sind hartnäckig in Bezug auf den einmal eingeschlagenen Weg, wenige in Bezug auf das Ziel.“

Friedrich Nietzsche

Je konkreter dein Ziel definiert ist, desto wahrscheinlicher erreichst du es auch. Nur, wie konkret darf es sein?

Ein Ziel ist dann konkret, sobald du die folgenden **Basisfragen** beantwortest: Wer macht was, bis wann in welcher Qualität? Wie du dich erinnerst, sind diese Fragen im Schritt 1 unseres *Focus First Goal Camps* aufgeführt. Diese Basisfragen sind essentiell. Viele Menschen wissen bereits, was sie wollen, haben es allerdings bisher noch nicht konkret spezifiziert. Mit der Zieldefinition steigt und fällt die Zielerreichung.

Außerdem braucht ein Mensch Ziele, die ihn emotional packen. Die **Sinnlichen Informationen**, Schritt 2 im F*ocus First Goal Camp*, helfen aus rationalen Zielformulierungen so große Emotionen zu wecken, dass dein Verlangen, das Ziel zu erreichen, riesig ist.

Um die emotionale Bindung zu deinem Ziel herzustellen, sind die Sinnlichen Informationen besonders unterstützend. Lass dein Ziel bereits jetzt in Gedanken wahr werden. Die Sinnlichen Informationen wurden bereits im Teil II beschrieben und sind durch das VAKOG-Modell dargestellt.

V isuell (alles, was du siehst),
A uditiv (alles, was du hörst),
K inästhetisch (alles, was du fühlst),
O lfaktorisch (alles, was du riechst),
G ustatorisch (alles, was du schmeckst).

Neben den **Basisfragen** und den **Sinnlichen Informationen** ist noch der **Ziele-Check**, Schritt 3 im *Goal Camp*, wichtig.

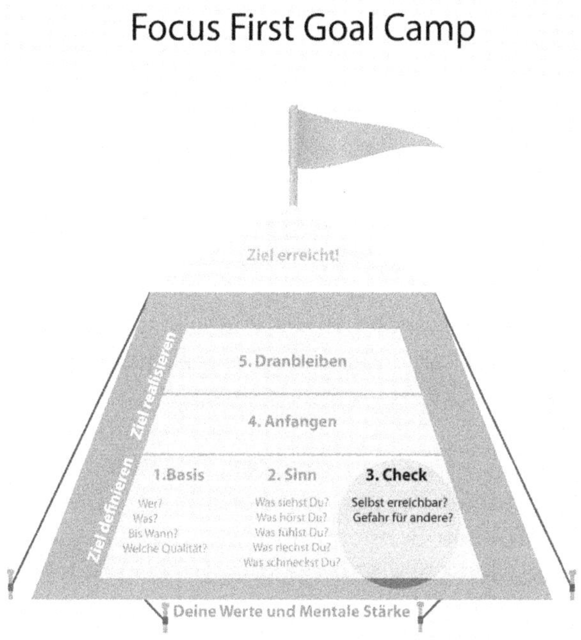

Dieser **Ziele-Check** prüft noch zwei wesentliche Grundvoraussetzungen:

1. **Ist dein Ziel individuell erreichbar?**
   Falls du abhängig von etwas oder jemandem bist, um dein Ziel zu erreichen, darfst du dein Ziel noch mal überdenken. Du erreichst dein Ziel schneller und mit mehr Elan, sobald du den Ausgang selbst bestimmen darfst.

2. **Ist dein Ziel eine Gefahr für Mitmenschen?**
   Konkret darfst du dich fragen: Sobald ich mein Ziel erreiche – gefährde ich damit das Leben anderer? Verletze ich zutiefst meine Lieben? Es ist so gut wie undenkbar, dass das passiert. Und genau deswegen ist diese Frage wichtig. Denn natürlich wirst du viel Zeit in deine Zielerreichung investieren – nur gefährdest du damit tatsächlich etwas Großes? Sicherlich nicht. Diese Frage ist dein Bestätiger, der dir bewusst macht, dass es gut ist, dein Ziel zu erreichen.

Und damit das Ganze gleich wie von selbst läuft, machen wir das jetzt gemeinsam an einem Beispiel, bis du dann die Chance hast, dein eigenes Ziel zu konkretisieren.

Stell dir vor, es ist dein großes Ziel, im Süden zu leben, am Strand mit prächtigen Palmen, frischer Brise, leicht salziger Meeresluft, romantischen Sonnenuntergängen bei Kerzenlicht und Rotwein. Viele Menschen würden diesen Wunsch folgendermaßen definieren: „Wenn ich mal in Rente bin, dann kann ich mir gut vorstellen, im Süden zu leben."
Bei so einer Zieldefinition ist es klar, weshalb das große Ziel nur eine Fantasie bleibt und selten verwirklicht wird. Denn in dem Satz sind so viele Hintertürchen, dass das Ziel in alle Richtungen läuft, nur nicht in die gewünschte.
Hier noch mal der Satz mit der Verdeutlichung der unspezifischen Bestandteile – der Hintertürchen:

„Wenn ich mal in Rente bin […]“
„Wenn“ lässt zweifeln, besser ist „sobald“, was verdeutlicht, dass der Zustand definitiv eintritt in Zukunft. Noch besser: Eine Jahreszahl angeben. Das Wörtchen „mal“ ist ein unnötiges Satzanhängsel, das Sätze je nach Gesprächssituation schwächer oder aggressiver wirken lässt.

„[…] dann kann ich mir gut vorstellen […]“
Ja, kann ich auch. Und? Machst du es auch?

„[…] im Süden zu leben“
Na, da ist ja viel möglich. Und Optionsfreiheit ist wichtig. Antarktis liegt auch im Süden.

Wie sieht nun das Ziel konkret aus? Denn sonst bleibt es bei dieser Formulierung bei einer Fantasie und keinem Ziel. Wie ist es möglich, aus diesem unspezifischen Ziel ein konkretes Ziel zu machen? Ein Ziel, das so konkret ist, dass es keine Hintertürchen mehr gibt?
Dafür nehmen wir uns das Goal Camp zur Hilfe und formulieren den unspezifischen Traum in ein konkretes Ziel um.

1. SCHRITT: **Allgemeine Informationen**

Im ersten Schritt beantworten wir elementare Fragen, die uns Aufschluss darüber geben, um was es konkret geht.

Wer?	Meine Frau und ich
Was?	Leben in Barcelona, Spanien
Wann?	Sobald ich 65 Jahre alt bin
Welche Qualität?	In einem Strandhaus mit Palmen vor der Tür und 40 qm großer Dachterrasse mit Blick auf das Meer.

2. SCHRITT: **Sinnliche Informationen**

Im zweiten Schritt bringen wir die rationalen Informationen aus Schritt 1 in eine emotionale Form. Die emotionale Form hilft dir, dass du dich mit dem Ziel verbindest – assoziierst. Sie helfen dir, aus Fakten Emotionen hervorzurufen. So starke Emotionen, dass in dir ein unaufhaltsames Verlangen wächst, diesen Moment real zu erleben. Und so kann das Ziel-Bild, oder der Ziel-Film, mit allen Sinnen erlebt werden:

Visuell:	Ich stehe auf der mediterranen Dachterrasse. Ich schaue nach rechts und sehe meine Frau, wir halten unsere Hände und ich sehe, wie die rot-violette Abendsonne langsam und doch allmählich im Meer eintaucht.
Auditiv:	Ich höre das Zirpen der Zikaden, leises Kinderlachen in der Ferne und die Palmenblätter, die durch die leichte Brise aneinander rascheln.
Kinästhetisch:	Ich spüre den leichten Wind an meinem Gesicht vorbeiziehen. Und nehme den leichten, zärtlichen Händedruck meiner Frau wahr. Mit meiner linken Hand halte ich mich an der Dachterrassen-Mauer fest und spüre die raue Struktur des Sandsteins.
Olfaktorisch:	Ich rieche die Sonnencreme meiner Frau und mein Parfüm, das nach Zitrusfrüchten und Sommer duftet.
Gustatorisch:	Ich lecke mir leicht über meine Lippen und schmecke das Salz, das durch das Meerwasser noch meine Lippen benetzt.

3. SCHRITT: **Ziele-Check**

Als letzten Punkt wollen wir uns noch grundlegende Fragen zu unserem Ziel stellen.

Ist das Ziel individuell erreichbar?	Ja, beide: Meine Frau und ich wollen es und können es selbst entscheiden und umsetzen.
Ökocheck: Gefahr für andere Menschen?	Allen geht es gut – wir gefährden niemanden durch unsere Zielerreichung. Und unsere Kinder finden es gut, dass wir unser Ziel verwirklichen.

Das waren sie schon bereits. Das waren alle drei Schritte, um aus einen Traum ein Ziel zu definieren. Ja, dauert ein bisschen länger und am Ende erreichst du allerdings auch dein Ziel. Die Zeit lohnt sich. Sobald wir nun das Ziel in eine reine Form bringen, sieht es folgendermaßen aus:

„Sobald ich 65 Jahre alt bin, leben meine Frau und ich in Barcelona, Spanien, in einem Strandhaus mit Palmen vor der Tür und 40 qm großer Dachterrasse mit Blick auf das Meer."

Das ist nun ein konkretes Ziel im Vergleich zu:

„Wenn ich mal in Rente bin, kann ich mir gut vorstellen, im Süden zu leben."

ZIEL VISUALISIEREN

Es geht nicht nur darum, seine Ziele zu identifizieren, sondern sie auch anschließend öffentlich zu machen. Schreib sie auf deine Visitenkarten, häng ein Post-it an deinen Monitor, häng ein Schild mit den Zielen an deine Bürotür. Wie du es kommunizierst, ist dir überlassen, nur mach deine Ziele öffentlich. Menschen helfen gerne Menschen, die ihre Lebensziele erreichen möchten. Sie bekommen dadurch ein gutes Gefühl und sind stolz, einem guten Freund oder Bekannten bei der Erreichung seiner Lebensziele geholfen zu haben.

Wir Menschen möchten gerne ein Teil von etwas Besonderem sein.

Weshalb ist es so notwendig und essentiell, deine *Focus First On Three* offen zu kommunizieren? Ist eines deiner *Focus First On Three,* selbst ein Haus zu entwerfen und bauen zu lassen, dann findest du auch jemanden, der Häuser entwerfen kann und mit dir gemeinsam daran arbeitet. Das funktioniert nur, sobald du deine Ziele auch anderen Menschen zugänglich machst. Woher sollen sie es denn sonst auch wissen?

Um große Ziele zu erreichen, ist es wichtig, dass du dir der Bedeutung von großen Bildern bewusst bist. Du baust dir Ziele-Bilder oder einen Ziele-Film zuallererst in deinem Kopf. Du machst quasi Kopfkino.

Uwe Bistritschan, Personal-Trainer von bekannten Persönlichkeiten im Rhein-Main-Gebiet, unterstreicht diese Technik. Als Fitness-Coach und Personal-Trainer unterstützt er viele Klienten bei ihrer sportlichen Zielerreichung. Mentale Stärke, Fokus und Dranbleiben sind wichtige Erfolgsfaktoren für ihn, um seine Klienten zu motivieren – als auch sich selbst. Bistritschan stellt fest, dass vor allem diese Klienten ihre Ziele erreichen, die dranbleiben bei Höhen und Tiefen. Es ist wichtig, dass sie an sich selbst glauben. Ganz gleich, ob andere an dem gesetzten Ziel zweifeln. Du hast dir das Ziel vorgenommen, dann zieh es jetzt auch durch. Gib niemals auf und sobald du dein Ziel kennst, brauchst du dich nicht auf die Entfernung zu konzentrieren.

Für sich persönlich baut sich Bistritschan zusätzlich einen gedanklichen Film zusammen, mit allen Sinnen. Für den nächsten Sommerurlaub sieht er sich schon bereits im Ziel: In dem Film sieht er aus seinen eigenen Augen. Er sitzt mit seiner Frau am Strand, beim Abendessen an einem braunen, alten Holztisch. Barfuß spürt er den körnigen, weißen Sand zwischen seinen Zehen. Es duftet lecker nach frisch gebratenem Fisch und mediterranem Gemüse. Er nimmt das leise Rauschen der Wellen wahr und sobald er an sich runterschaut, sieht er seine braune Haut, die ihm durch die weiße Leinenhose und Leinenhemd noch brauner vorkommt als am Tag. Die salzige Meeresluft streichelt ihn sanft und er spürt, wie die Brise sein Leinenhemd an seinen Bauch drückt und er ganz leicht seinen Sixpack dadurch spürt und sieht. Er lächelt und ist stolz. Die Anstrengungen der letzten Monate haben sich ausgezahlt. Hier sitzt er nun, gelassen und entspannt, mit seinem Traumkörper. Diesen Film lässt Bistritschan sooft wie möglich in seinem Kopf ablaufen. Durch diese Technik motiviert er sich und weiß, wie wichtig es ist, mit allen Sinnen sein Ziel bereits zu erleben. Diesen Film behält er nicht allein für sich, sondern teilt diesen auch mit anderen.

Der nächste Schritt ist also, das Bild oder den Film im Kopf auf ein Blatt Papier zu bringen. Nachdem du dir über deine *Focus First On Three* klar geworden bist, hast du sicherlich einige andere Ziele verworfen und beiseite gelegt. Das ist gut. Damit hast du den Fokus auf deine wichtigsten Lebensziele gelegt. Diese sind nun auch Bestandteil deiner persönlichen Vision Wall. Besorge dir ein großes Poster und bunte Stifte. Wir erstellen jetzt deine Vision Wall.

Das ist nichts anderes als dein gemaltes Zielfoto. Ein Poster. Ja, hört sich kitschig an. Ist nur was für Kleinkinder? Gib deiner

Vision Wall eine Chance. Woher willst du wissen, dass es nicht klappt, wenn du es noch nicht ausprobiert hast? Mach doch mal, denn nicht gemacht hast du ja schon!

Nimm dir ein großes, weißes DIN-A3- oder DIN-A2-Poster und lege los. Male deine ganz persönlichen *Focus First On Three*. Male sie groß und bunt. Es gibt keine Regeln.

Du kannst nicht malen? Dann blättere bitte noch mal zu Teil I zurück. Da steht was über limitierende Glaubenssätze.

Warum ist eine Vision Wall so wichtig? Weil gemalte Ziele positiv und konkret sind! Ein Beispiel dazu: Angenommen, dein Ziel ist es, ein eigenes, großes, lichtdurchflutetes Büro zu haben mit Wänden, die nicht mehr so schrecklich rot sind wie in deinem jetzigen Büro. Wie willst du bitte das Büro malen, das Wände hat, die nicht rot sind? Du darfst dich entscheiden für eine Farbe. Somit wird es konkret. Und obendrein positiv. Denn hättest du das Ziel nur aufgeschrieben, dann hätte ein „nicht rot" dringestanden, und das wäre eindeutig negativ formuliert. Positive Ziele sind essentiell für deine Zielerreichung.

Manche Menschen schreiben lediglich eine *Bucket List*. Eine *Bucket List*, Löffel-Liste, beinhaltet die Ziele, die ich noch erreichen will, bevor ich den Löffel abgebe. Ziemlich motivierend. Für manche. Nicht wirklich viele. Ich finde es eher deprimierend, meine Lebensziele mit dem Tod zu verbinden.

Ein weiteres Beispiel ist die Buchreihe *1000 Things you have to see before you die*. Ja, danke! Es ist ja in Ordnung, eine Liste für sich zu erstellen. Nur dürfen wir die Liste dann auch positiv benennen, zum Beispiel Meine Lebensziele. Oder wir erstellen gleich eine positive und konkrete Vision Wall.

ÜBUNG NR. 6: ***Definiere und konkretisiere dein Ziel.***

Jetzt bist du dran: Nun hast du die Möglichkeit, dein persönliches Ziel zu konkretisieren – die folgenden Übungen unterstützen dich dabei. Mach diese Übung für alle deiner drei großen Ziele. Blätter gerne noch mal zurück zum Teil I, in dem du deine *Focus First On Three* festgelegt hast.

Schritt 1 im Goal Camp: Basis-Fragen

Wer erreicht das Ziel?

____

____

Was ist das Ziel?

____

____

Bis wann ist das Ziel erreicht?

____

____

Welche Qualität wird erreicht?

____

____

Formuliere nun dein Ziel in einem Satz:

____

Schritt 2 im Goal Camp: Sinnliche Informationen

Beschreibe, was du siehst, hörst, fühlst, riechst und schmeckst im Moment deiner Zielerreichung.

Ich sehe ...

Ich höre ...

Ich fühle ...

Ich rieche ...

Ich schmecke ...

Schritt 3 im Goal Camp: Ziele-Check

Kannst du das Ziel alleine erreichen?

___

___

Stellt dein Ziel für andere Menschen eine Gefahr dar?

___

___

ÜBUNG NR. 7: ***Deine Vision Wall***

Besorg dir ein DIN-A3- oder DIN-A2-Poster, bunte Stifte und achte auf eine ruhige Umgebung. Vielleicht machst du gute Musik an, trinkst etwas Leckeres und entspannst dich.
Mal alles auf diese Vision Wall, was dir wichtig ist und was du konkret in deinem Leben erreichen wirst.
Deine Vision Wall darf einen prominenten Platz in deiner Wohnung bekommen. Wenn es dir peinlich ist, dass jemand deine Vision Wall sieht, dann darfst du überlegen, wie wichtig dir deine Ziele tatsächlich sind. Erreichst du die Ziele für dich oder für jemand anderen? Und: Woher weißt du, ob nicht ein Bekannter, der deine Vision Wall sieht, dich entscheidend bei deiner Zielerreichung weiterbringt? Hängst du das Poster im Bad gegenüber dem Spiegel auf, ist das zum Beispiel eine wunderbare Sache, um dich während des Zähneputzens daran zu erinnern.
Hast du einen guten Platz für deine Vision Wall gefunden? Dann fotografiere sie jetzt ab. Das Foto kannst du überall dorthin mitnehmen und platzieren, wo du das möchtest. Es darf dich tagtäglich an deine

großen fünf Ziele erinnern, sei es als Bildschirmhintergrund, auf deinem Smartphone oder einfach nur als Bild in deiner Geldbörse. Wie immer – du entscheidest!

Fokus auf das Wesentliche:

- Mach deine Ziele deutlich und klar.
- Beschreibe dein Ziel mit allen Sinnen.
- Träum von deinem Ziel sooft du kannst. Schwing dich richtig rein. Träum so real wie möglich. Träum assoziiert. Entdeck bei jeder Traumreise immer neue Details. Erleb diese Details mit all deinen Sinnen. Lass sie wahr werden und mach sie lebendig. Bau dir deinen eigenen, gedanklichen Ziele-Film zusammen, was siehst du in deinem Ziel? Was hörst du? Was riechst und schmeckst du? Was fühlst du?
- Such dir ein gutes Lied aus, welches dich immer wieder an das Ziel erinnert, und träum vor dich hin. Sobald du diesen Song hörst, verbindest du das mit deinem Ziel.
- Mal deine wichtigsten Ziele auf ein Blatt Papier, denn dann werden die Ziele konkret (oder wie malst du ein neues Büro mit einer nicht roten Wand?).
- Mach deine Ziele öffentlich – du triffst Menschen in deinem Leben, die dich gerne unterstützen wollen bei deiner Zielerreichung.

8. ZIEL REALISIEREN

„Nichts kann eine Idee aufhalten, deren Stunde gekommen ist."

Victor Hugo

Darauf fokussierst du dich in diesem Kapitel:

- Welche Methoden helfen, damit du dein Ziel erreichst.
- Wie du dein Ziel verwirklichst.
- Wie du dich motivierst, an deinem Ziel dranzubleiben.

Ein Ziel zu haben ist eine Sache – allerdings hilft das alles wenig, sofern du nicht anfängst, für dein Ziel alles zu geben. Du darfst dich fragen, wie viel du bereit bist, für dein Ziel zu geben. Nur Handlung verwirklicht Ziele! Möchtest du weiterhin ein Leben leben, das okay ist? Möchtest du so lange warten, bis etwas passiert, und du dann eine Ausrede hast à la „Ich wollte ja, aber der Postbote kam später als sonst und deshalb …" *Fang bitte an!* Mach den ersten Schritt. Der erste Schritt ist leicht – der erste Schritt ist ein Schritt näher zu deinem Ziel.

ANFANGEN

Manchmal gehört es dazu, früh aufzustehen oder spät ins Bett zu gehen. Nur, sobald dein Ziel groß genug ist und du das Verlangen hast, das Ziel zu erreichen, dann empfindest du es als selbstbelohnende Handlung.

Focus First Goal Camp

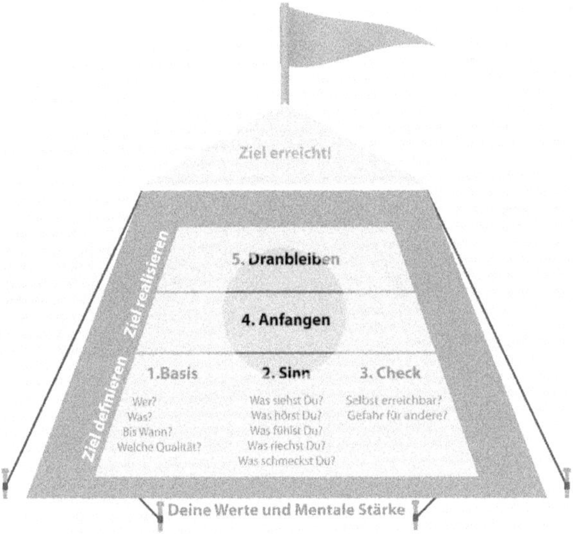

Du möchtest mehr und mehr davon. Du bist bereits im Ziel. Im Flow. Es läuft einfach. Es macht dir Spaß, denn du erreichst das Ziel nur für dich, es ist das Ziel, wovon du schon so lange geträumt hast. Das Ziel, was du schon so lange aufgeschoben hast. Aufgeschoben, weil andere Themen in dem Moment wichtiger waren oder weil einfach noch nicht der Zeitpunkt reif war.

Handlung verwirklicht Ziele.

Natürlich kannst du jetzt einen Gang zurückschalten, dich zurücklehnen und entspannen. Lieber die Wäsche jetzt waschen, die Steuererklärung machen oder andere Aktionen, um dich von deinem Ziel zu entfernen. Oder du gibst alles, stehst auf und legst los! Es ist dein Ziel – du allein erreichst es – du allein verwirklichst es – du allein bist verantwortlich für dein Glück und deine Lebensfreude. Du allein erreichst alles – sobald du dazu bereit bist!

Nur jetzt gehört es dazu, auch den ersten richtigen Schritt zu gehen. Atme durch, fokussier dich, lächle in dich hinein. Jetzt ist dein Moment. Der Moment, der dich wieder einen Schritt näher zu deinem Ziel bringt. Du hast bis hierhin deinen Lebenssinn definiert, deine *Focus First On Three* festgelegt und jetzt geht es darum, diese Ziele Wirklichkeit werden zu lassen. Du hast die notwendigen Hebel dazu. Fokussiere dich jetzt mit aller Kraft auf dein erstes Ziel deiner *Focus First On Three*. Fang jetzt damit an. Als Autor ist es mir lieber, dass du das Buch jetzt beiseitelegst und mit deiner Zielerreichung anfängst, als weiterzulesen.

Denn Anfangen und Tun ist der wichtigste Teil der Zielerreichung. Das Tun unterscheidet Träumer von Machern. Mach den ersten Schritt. Fang an, denk nicht darüber nach – mach es einfach. Viele Menschen verlieren sich in Analysis Paralysis und sehen vor lauter Informationsbeschaffung über das Ziel nicht mehr das Ziel. Es ist okay, sich auf das Ziel vorzubereiten, allerdings ist es wichtig, dann auch anzufangen.

Wenn du es bisher noch nicht geschafft hast, anzufangen, dann darfst du dich fragen, weshalb das so ist. Ist dein Ziel nicht attraktiv genug? Hast du deine *Focus First On Three* niedergeschrieben und visualisiert? Hast du Familie und Freunde über deine *Focus First On Three* informiert? Wenn du bis jetzt noch nicht angefangen hast, dann überdenke noch mal dein Ziel und mach es richtig attraktiv. Manchmal sind Menschen motivierter, sobald das Ziel größer ist. Denn warum sollten wir uns bemühen, sofern die Belohnung nur minimal ist. Wichtig ist auch, dass du das Ziel niederschreibst, visualisierst, dich zur Zielerreichung verpflichtest und Unterstützung aus deinem Familien- und Freundeskreis erfährst.

Die Psychologie-Professorin Prof. Dr. Gail Matthews wollte gerne erfahren, wie hilfreich es ist, Ziele aufzuschreiben und diese mit einem unterstützenden Freund zu teilen. Dazu hat Matthews in Kalifornien eine Studie mit 267 Teilnehmern aus verschiedensten Bereichen und Hierarchieebenen durchgeführt. Von den 267 Teilnehmern haben 149 bis zum Ende der vierwöchigen Studie teilgenommen. Die Teilnehmer wurden in fünf verschiedene Gruppen verteilt:

- **Gruppe 1** wurde lediglich gebeten, über ihre Ziele nachzudenken, die sie in den nächsten 4 Wochen erreichen wollen. Anschließend wurden sie gebeten, einige Fragen zu beantworten zu den folgenden Themen: Schwierigkeitsgrad des Ziels, Wichtigkeit des Ziels, wie viel Erfahrung sie für die Zielerreichung mitbringen, ihre Maßnahmen und Motivation zu diesem Ziel, und ob sie dieses Ziel bereits schon mal erreicht haben.
- **Gruppe 2–5** wurde gebeten, ihr Ziel zusätzlich aufzuschreiben (in einer Online-Umfrage) und ebenfalls die gleichen Fragen zu beantworten.
- **Gruppe 3** wurde gebeten, ihre Maßnahmen zur Zielerreichung schriftlich zu formulieren.
- **Gruppe 4** wurde ebenfalls gebeten, ihre Maßnahmen zur Zielerreichung schriftlich zu formulieren sowie ihre Ziele mit den Maßnahmen an einen unterstützenden Freund zu schicken.
- **Gruppe 5** war identisch mit Gruppe 4 mit dem Unterschied, dass zusätzlich ein wöchentlicher Status-Report an den unterstützenden Freund geschickt wurde. Außerdem hat diese Gruppe einen wöchentlichen Reminder erhalten, den Statusreport zu senden.

Nach den vier Wochen der Studie wurden alle Teilnehmer gebeten, ihren Fortschritt und Grad der Zielerreichung zu bewerten. Die Bandbreite der Ziele reichte vom Hausverkauf bis Einkommenserhöhung oder einfach nur die Wohnung aufzuräumen.

Am Ende erreichten 43 Prozent der Teilnehmer aus Gruppe 1 ihr Ziel. In Gruppe 2 erreichten bereits 60 Prozent ihr Ziel. Aus Gruppe 4 waren 64 Prozent erfolgreich. Und aus Gruppe 5 erreichten 76 Prozent der Teilnehmer ihr Ziel. Interessant ist allerdings auch, dass in Gruppe 3 nur 51 Prozent ihr Ziel erreichten.

Das bedeutet, dass die Kombination, Ziele und Maßnahmen zur Zielerreichung aufzuschreiben, nicht den gewünschten Effekt erzeugt. Dazu mag es zahlreiche Gründe geben, wie Über- oder Unterforderung. Allerdings ist eins klar: Die Studie belegt wieder, wie wichtig und unterstützend es ist, dass Menschen ihre Ziele niederschreiben, um erfolgreich zu sein. Um noch erfolgreicher zu sein, ist es wichtig, einen unterstützenden Freund über die Maßnahmen zur Zielerreichung zu informieren. Der größte Effekt ist allerdings, diese Verpflichtung zum Ziel auch wöchentlich an den Freund zu senden und über den regelmäßigen Fortschritt zu informieren.

Du hast dein Ziel definiert, niedergeschrieben, mitgeteilt. Jetzt leg los. Verschiebe es nicht auf morgen. Fang heute an. Fang jetzt an. Manche Menschen verlieren sich in der Aufschieberitis, auch Prokrastination genannt. Die Aufgaben zu verschieben, Entscheidungen hinauszögern, passiert bei jedem Menschen mal ab und zu. Falls das allerdings chronisch ist, darfst du dir überlegen, wie du das gelöst bekommst. Bring Ordnung in dein Leben und in deine Aufgaben. Beseitige alle Störfaktoren und fokussiere dich auf ein Ziel – auf dein Ziel. Hol dir deine Vision Wall hervor und schau sie dir an. Stell dir dein Ziel mit allen Sinnen wieder vor. Plane ein, wann du dich für welchen Teilerfolg belohnen möchtest. Und: Mach den ersten Schritt! Bis hierhin bist du schon gekommen. Du bist nun im vierten Schritt bis zu deiner Zielerreichung. Du bist dir über deine Werte klar, hast dich mental auf dein Ziel vorbereitet. Du hast dein Ziel definiert, hast es klar vor deinen Augen und genießt mit allen Sinnen den Moment der Zielerreichung in deinen Gedanken.

Du hast geprüft, dass es okay ist, dieses Ziel jetzt auch zu verwirklichen, und du hast alles in dir, um das jetzt auch zu tun.
Sobald du dein Ziel erreichen willst, dann handele. Strukturiere dein Denken und beruhige deine Gefühle. Und genau aus diesem Moment schöpfst du die Kraft, um dein Ziel zu verwirklichen. Du hast alles in dir, um dein Ziel zu erreichen. Fang jetzt an!

DRANBLEIBEN

Sobald du dir die Menschen, die wirklich im Leben erfolgreich sind, anschaust, stellst du fest, dass sie in vielen Fällen eine besondere Charaktereigenschaft haben, die besonders ausgeprägt ist: Ausdauer.
Um es mit etwas drastischeren Worten zu sagen: Du wirst im Leben niemals Großes erreichen, wenn du nicht konsequent dein Ziel verfolgst.
Jeden Tag. Jeden einzelnen Tag. Investiere mindestens eine Stunde pro Tag in dein Ziel. Setz dir feste Zeiten, an denen du jeden Tag deinem Ziel etwas näherkommst. Dir ist eine Stunde zu viel? Dann darfst du dir noch mal überlegen, wie wichtig dir dein Ziel ist. Manchmal gehört es einfach dazu, über seine Komfortzone hinaus etwas zu tun. Du hast keine Zeit dafür? Was machst du morgens zwischen 5 und 7 Uhr? Wenn dir dein Ziel wichtig ist, dann ist es auch wichtig, Einsatz dafür zu zeigen.

Menschen, die Ziele erreichen wollen, finden Wege. Menschen, die keine Ziele erreichen wollen, finden Gründe.

Focus First Goal Camp

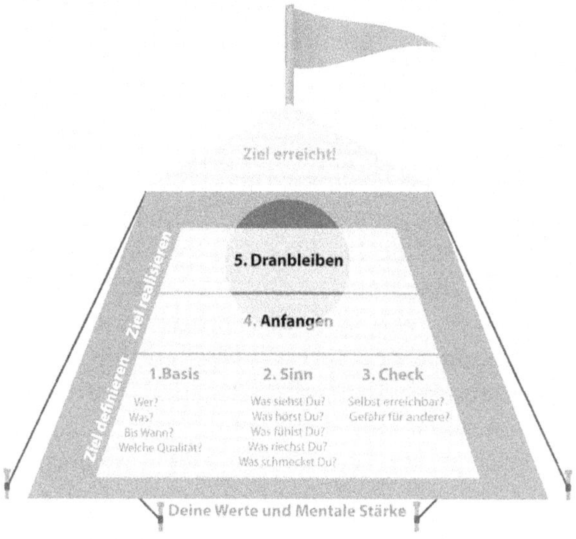

Durchhaltevermögen und einen langen Atem haben. Ja, es ist herausfordernd, und ja, du investierst viel Zeit, um dein großes Ziel zu erreichen. Und es wird Höhen und Tiefen geben. Und du darfst dir bewusst machen, wie stolz du auf dein erreichtes Ziel sein wirst, sobald du am Tag der Zielerreichung zurückblickst und dich sagen hörst: „Wow! Das habe ich alleine geschafft." Dein Selbstbewusstsein steigt und du bist riesig stolz darüber, dass du das geschafft hast.

Auf den nächsten Seiten lernst du deine Ziele in faszinierende Realitäten zu verwandeln. Denn neben deiner großartigen Zielerreichung ist deine konsequente Ausdauer für noch etwas gut: Sie zieht Gleichgesinnte an. Du stellst im Laufe deiner Zielerreichung fest, dass neue Menschen in dein Leben kommen, die ebenfalls konsequent ihre Ziele verfolgen und in dir einen Weggefährten sehen. Und das zahlt sich am Ende aus, denn gemeinsam macht Ziele zu erreichen noch mehr Spaß. Du bist bereits schon so weit gekommen. Schau dir das Goal Camp noch mal für einen Moment an. Du bist im letzten Schritt, vor der Zielerreichung.

Bis hierhin hast du ein fantastisches Ziel definiert, geplant und realisierst es nun. Das ist prima und viele Menschen sind erst so richtig motiviert, ihre Ziele anzugehen, sobald die momentane Situation so unerträglich, doof und unangenehm ist, dass es nicht mehr auszuhalten ist. Das Ziel ist hingegen groß und glitzert. Gut soweit, also brauchst du ein großes Bild von deinem Ziel als Vorderantrieb, wie in Kapitel 6 beschrieben, und einen nervigen, momentanen Zustand als Heckantrieb. Dieser sogenannte Heckantrieb hilft dir, täglich daran erinnert zu werden, was du nicht mehr willst, und das Zielbild hilft dir, zu verstehen, was du willst. Warum ist so ein Heckantrieb notwendig?

Einige Menschen sind motiviert, bestimmte Situationen erst dann zu ändern, sobald sie unerträglich werden. Der Klassiker ist, dass der Job bei manchen Menschen jahrelang weitergemacht wird, obwohl er nervt. Diese Menschen warten einfach so lange, bis es richtig unangenehm ist, so richtig eklig, bis sie sich eingestehen, dass es jetzt „nicht mehr so weitergehen kann", dann erst steigt die Motivation, diese Situation zu verändern. Akzeptiere, was du nicht ändern kannst, und lass los. Diese Heckantrieb-Motivation kannst du täglich hören. Es sind Aussagen von Menschen wie: „Weißt du, jahrelang hab ich mir das angesehen und ertragen. Aber jetzt habe ich die Nase voll!", oder „So geht's nicht mehr weiter. Ich muss abnehmen. Ich will nicht mehr XL-Hemden tragen."

Nach den ganzen Jahren des Beobachtens von erfolgreichen Menschen, die ihre Ziele erreicht haben, und dem Studieren von Erfolgsstrategien habe ich das *Focus-First-On-Three*-Modell und das *Focus First Goal Camp* konzipiert. Allerdings habe ich mir gedacht: „Bevor ich diese beiden Modelle an Menschen weitergebe, teste ich das erst mal an mir selbst. Wer weiß, nachher wachsen mir grüne Köpfe, oder andere Sachen. Das würde auch erklären, weshalb so viele Menschen nicht ihre Ziele angehen." Also stand das Ziel fest: Ich nehme ab – 30 Kilo und Fit-Sein innerhalb von 8 Monaten ist das Ziel. Ich wollte nie wieder so aussehen wie zu diesem Zeitpunkt. Also habe ich mir neben der Zieldefinition einen Heckantrieb gebaut. Der Heckantrieb kombiniert mit dem Zielbild hat mir geholfen, sodass ich innerhalb dieser acht Monate 30 Kilo abgenommen habe. Das war fast ein Drittel meines Körpergewichts. Wie habe ich das gemacht? Ich habe ein Bild von mir genommen, auf dem ich ziemlich ungünstig abgebildet war: Ich in voller Pracht mit über 100 Kilo. Das war mein Heckantrieb. Ich wollte nie mehr so aussehen. Daneben habe ich ein Bild von einem ziemlich gut aussehenden, sportlichen Südländer aus dem Internet genommen und habe einfach meinen Kopf draufgesetzt. Das war mein Vorderantrieb. Ich habe mir bei jedem Training und vor dem Schlafengehen die Bilder angeschaut und mir mit allen Sinnen vorgestellt, wie ich am Zieltag aussehe. Ziel erreicht.

Natürlich gab es in der Zeit auch einige Versuchungen. Versuchungen, heute mal keinen Sport zu machen, oder diesen leckeren Kuchen jetzt doch zu essen. Wäge immer ab, ob eine Entscheidung kurzfristig schön ist – aber langfristig Probleme mit sich bringt. Wenn das so ist, dann verzichte und bleibe deinen Werten und vor allem deinen *Focus First On Three* treu. Jedes Mal, sobald du einer Versuchung gegenüberstehst, darfst du dich fragen: Wie lange hält das Glücksgefühl an, und wie lange hält das Unglücklichsein-Gefühl an. Sobald das Glücksgefühl länger ist, dann tu es und genieße es mit allen Sinnen. Allerdings, falls es nicht ausbalanciert ist oder du sogar länger unglücklich mit dieser Entscheidung bist, dann lass es. Dieser Tipp ist auf jede Lebensfrage anwendbar und übertragbar: Lohnt es sich, jetzt das Geld in diese eine Sache zu investieren? Soll ich noch einen Cocktail trinken, obwohl ich schon zu viele hatte? Aber auch bei komplizierteren Themen wie Krediten, Fremdgehen, Drogen, Alkohol und so weiter. Sobald du merkst, dass du draufzahlst, dann lass die Finger weg und freu dich, dass du dieser Versuchung widerstanden hast. Du wirst auch Rückschläge während der Zielerreichung erfahren. Zeiten, in denen du denkst „so, das war es". Und genau hier ist es wichtig, dranzubleiben.

Donald Trump, ein milliardenschwerer Immobilien-Investor aus den USA, hatte in den 90er Jahren fast bankrott gemacht, wie viele andere gute Investoren. Sein Unternehmen hatte Milliardenschulden und Donald Trump selbst war mit 900 Millionen Dollar verschuldet. In seinem Buch Nicht kleckern, klotzen beschreibt er eine Situation, wie er mit seiner Frau in New York spazieren geht und beide einen Bettler am Straßenrand sehen. Donald schaut seine Frau an und meint, dass der Bettler dort an der Straße 900 Millionen Dollar mehr Geld hätte als Donald selbst. Viele Menschen auf der Welt hätte diese Lebensphase in den Wahnsinn getrieben. Donald hat sich auf seine Ziele konzentriert und hat nicht an das Scheitern gedacht. Es war ganz klar für ihn, dass er ganz schnell wieder erfolgreich ist. Er hat seine mentale Stärke und Geisteshaltung nicht verändert – weder in guten noch in schlechten Tagen. Er ist mit seinem Team los und hat sich mit Vertragspartnern getroffen, um große Deals auszuhandeln, obwohl er nicht in der Lage war, diese überhaupt durchzuführen. Kurz vor der Vertragsunterzeichnung hat er dann abgesagt. Es hat ihm ein gutes Gefühl gegeben, mitten im Geschäft zu sein. Die meisten Immobilieninvestoren waren zu der Zeit deprimiert und fuhren spiralförmig in die Depression – mit dem Unternehmen und sich selbst. Donald Trump hat sich auf seine Ziele konzentriert und ist drangeblieben und wurde erfolgreich, weil er sich auf die positiven Dinge konzentriert hat. Mittlerweile ist er wieder mehrfacher Milliardär.

Du darfst dir bewusst machen, dass Rückschläge normal sind. Es sind kleine Tests, um deine Willensstärke zu prüfen. Zu prüfen, ob du das Ziel tatsächlich erreichen möchtest. Fokussier dich auf dein Ziel und nur darauf. Alles andere sind nur kurze Momente, wichtig ist, dass du das Ziel nie aus den Augen verlierst. Dann erreichst du es auch.

Manche Menschen motivieren sich gerne mit einer motivierenden Liste, um dranzubleiben. Es ist eine weitere Methode, sich selbst zu motivieren. Die Idee ist es, eine Liste zu machen und 100 Erfolge aufzuschreiben. Mach dir eine Selbstmotivatorliste. Diese Liste ist immer dann griffbereit, wenn du Motivation brauchst. Wenn du jetzt zu dir sagst „100 Erfolge? Ich kann höchstens an 10 denken", wenn du dir das sagst, dann schreib gleich 200 auf. Jeder Leser, der gerade diese Zeilen liest, hat unzählige Erfolge bereits erlebt. Viele sind in Vergessenheit geraten und nur die ganz großen sind noch präsent. Und genau da geht es hin. Wir wollen uns auch die kleinen Erfolge wieder bewusst machen. Ist es dein großes Ziel, eine bestimmte Zahl auf dem Display deiner Waage wiederzusehen? Möchtest du gerne wieder in ein bestimmtes Kleidungsstück passen? Dann darfst du dich daran erinnern, wie du letzte Woche erfolgreich einem leckeren Essen widerstanden hast. Du darfst dich daran erinnern, wer dich wann angesprochen hat, dass du so toll aussiehst.

Fang an, ein Erfolge-Tagebuch zu schreiben. Das dauert am Tag vielleicht 3 Minuten und es ist so schön, in diesem kleinen Buch zu lesen. Schreibe alles auf, vom großen Projekterfolg in der Firma, dass du nun Jamie Olivers Bananenkuchen backen kannst, das erste Mal eigenständig Fahrrad gefahren bist, das erste Mal alleine in einem fremden Land warst. Es gibt so viele mögliche Situationen, auf die du stolz sein darfst. Mach dir diese Situationen wieder bewusst. Schau sie dir an – mach die Bilder, die Situationen wieder groß und fühl dich richtig rein.

Mach dir bewusst, was dich wirklich motiviert. Wie kriegst du gute Laune, was lässt die Endorphine in dir springen? Ist es ein entspannter Nachmittag am Strandbad, mit einem leckeren Getränk in der Hand, während du verträumt auf das Wasser schaust? Ist es gute Musik, die dich motiviert? Sind es Freunde, ist es ein Kinobesuch? Ist es Sport? Was es auch ist: Sei dir deiner Motivatoren bewusst und nutze dieses Wissen an den Tagen, die herausfordernd sind.

Und lass dich bitte auf dem Weg zu deinem Ziel nicht unterkriegen, falls du Absagen von Menschen erhältst. Wenn du erfolgreich sein möchtest, darfst du immun gegen das Wort Nein werden. Wenn es eine Sache gibt, die erfolgreiche Menschen von weniger erfolgreichen Menschen unterscheidet, dann ist es die

Beharrlichkeit. Diese Menschen akzeptieren kein Nein. Und du brauchst das auch nicht. Manche Menschen sind durch ihre Erziehung als Kinder immer noch so konditioniert und akzeptieren ein Nein. Sie hören auf und suchen sich einen anderen Weg oder hören ganz auf. Doch nun bist du erwachsen und deine Kollegen, Chefs oder Mitmenschen in der Geschäftswelt sind weder deine Eltern noch deine Grundschullehrer. Und diese Menschen sagen Nein zu dir, weil sie nicht auf dich aufpassen wollen. Sie sagen deswegen Nein zu dir, weil sie eher auf sich selbst aufpassen wollen. Sie sagen Nein, weil sie ihre eigenen Ziele verfolgen. Das hat nichts mit dir als Person zu tun, sondern ist der Situation geschuldet. Akzeptiere kein Nein und finde kreative Möglichkeiten, aus einem Nein ein Ja zu machen.

Der Mensch, der diese Technik par excellence beherrschte, war wohl Abraham Lincoln. Er dürfte bei den meisten Menschen nur als Amerikas 16. Präsident in Erinnerung geblieben sein. Wie er dahin kam, war allerdings spektakulär in Bezug auf seine Beharrlichkeit. Innerhalb von 25 Jahren hat Lincoln folgende Schicksalsschläge einstecken müssen:

- Er machte Bankrott.
- Er kandidierte für den Senat und wurde nicht gewählt.
- Er war zum zweiten Mal bankrott.
- Die Frau, die er liebte, starb.
- Er erlitt einen Nervenzusammenbruch.
- Er ließ sich als Kandidat für den Kongress aufstellen und wurde auch nicht gewählt.
- Er ließ sich erneut als Kandidat für den Kongress aufstellen, wurde wieder nicht gewählt.
- Er kandidierte für den Senat und verlor.
- Er kandidierte für das Amt des Vice President der Vereinigten Staaten und verlor.
- Er kandidierte zum dritten Mal für den Senat und verlor.

Manche Menschen hätten bereits nach einem dieser Niederschläge aufgegeben. Lincoln scheint allerdings einen unbeirrbaren Willen gehabt zu haben. Er hat sich nicht entmutigen lassen auf seinem Weg zum 16. Präsidenten der Vereinigten Staaten. Und genau mit diesem Amt sollte er nachhaltige Impulse für dieses große Land setzen. Das hat er geschafft, weil er kein Nein akzeptierte und immer an eines glaubte: an sich.

REGELMÄSSIGES PRÜFEN DER ZIELERREICHUNG

Das regelmäßige Prüfen, ob du noch auf der Zielgeraden bist, ist eine Schlüsselfunktion zur Zielerreichung. Mach dir deine Teilerfolge bewusst und zelebriere sie gebührend. Gewöhn dir an, Buch zu führen, sobald du Teilerfolge auf dem Weg zu deinem Ziel verzeichnen konntest. Egal wie groß oder klein die Teilerfolge sind – schreib sie auf. Es hilft dir, Selbstreflexion zu üben, Selbstbewusstsein und Selbstwertgefühl aufzubauen. Es hilft dir in schwierigen Phasen, sich wieder zu motivieren. Der Wochen- oder Monatsrückblick ist wichtig, aus dem Erlebten zu lernen und besser zu werden.

Stell dir eine große Steinwand vor. Du stehst davor und siehst ganz oben, am Ende der Mauer, ein großes Fenster. In dem Fenster ist ein Bild deines Ziels. Sobald du dort zum Fenster hochkommst, hast du dein Ziel erreicht. Um dort hochzukommen, benötigst du allerdings eine große Leiter. Und diese Leiter sollte auch so an der Steinwand platziert sein, dass du auch zu dem Fenster kommst. Jedes Mal, wenn du deine Leiter an eine falsche Position aufstellst, bringt dich also jeder Schritt schneller an das falsche Ziel. Es mag vielleicht leichter sein und du magst vielleicht effizient und schnell sein in dieser falschen Zielerreichung – allerdings ist es nicht effektiv, denn es ist nun mal nicht dein

Ziel, das du erreichen willst. Der Rückblick, deine Selbstreflexion, hilft dir, deine Leiter immer wieder geradezurücken, und bringt dich mit jedem Schritt ein Stück höher und weiter zu deinem richtigen Fenster – zu deinem Ziel.

Überprüfe dein Denken, Sprechen und Handeln von Zeit zu Zeit. Pass es an. Richte es wieder aus an deinen Werten und deinen gesetzten Zielen. Reflektiere dich und deine Teilerfolge. Dann bist du am effektivsten.

Sobald Menschen abnehmen, stellen sie sich öfters auf die Waage, um zu prüfen, ob sie tatsächlich auch abgenommen haben und ihrem Zielgewicht näher sind. Sobald Unternehmen Gewinnziele definiert haben, prüfen sie kontinuierlich, ob sie ihrem Ziel näher sind. Sobald manche Politiker ihr Wahlprogramm verkünden, prüfen sie nach der Wahl … nichts. Okay. Anderes Beispiel: Sobald Boote auf See sind, kontrolliert der Kapitän in regelmäßigen Abständen, ob das Schiff noch auf Kurs ist.

Es ist essentiell, dass du dir eine Struktur baust, um deine Ziele in regelmäßigen Abständen zu überprüfen. Wie oft das sinnvoll ist, liegt ganz an dir und deinem Ziel. Bei großen Zielen macht es Sinn, wöchentlich eine Stunde zu investieren, bei kleineren pro Tag fünf Minuten. Es liegt an dir und dem Ziel. Nur ist es wichtig, dass du es machst. Es gibt verschiedene Möglichkeiten zu prüfen, wie weit du in deiner Zielerreichung bist. Stell dir einen „Meilensteinplan“ zusammen. Ein Meilenstein-Plan umfasst die zwei bis drei großen Teilerfolge zu deinem Ziel.

Bei dem Ziel „Ich wiege 78 kg und bin körperlich fit am 15. August“ sieht ein Meilensteinplan beispielsweise so aus:

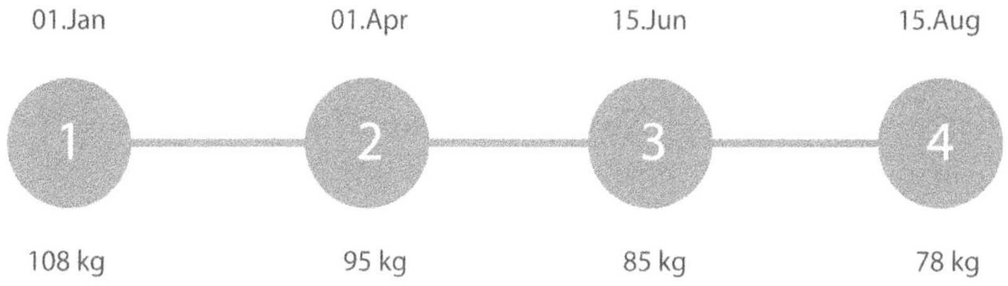

Bei dem Ziel, in ein anderes Land auszuwandern, sieht der Meilensteinplan vielleicht so aus:

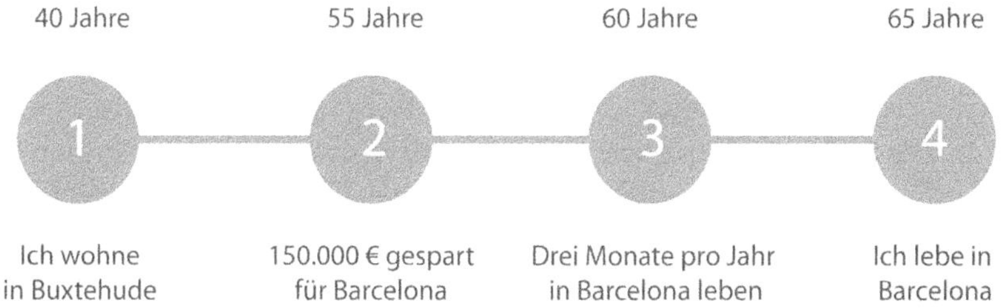

Deiner Kreativität sind keine Grenzen gesetzt, wie der Meilensteinplan aussieht. Erfolgreiche Menschen überprüfen ständig und stetig, ob sie noch auf dem richtigen Kurs sind. Erfolgreichere Menschen informieren regelmäßig einen unterstützenden Freund über den Status des Ziels und den Status der einzelnen Maßnahmen zur Zielerreichung.

Nimm dir einen festen Zeitpunkt am Tag bei großen Zielen, block dir ein Zeitfenster von mindestens einer Stunde und schau dir noch mal dein Ziel an. Schau dir noch mal deinen Heckantrieb an. Schau dir an, wo du momentan stehst auf dem Meilensteinplan. Überleg, was du letzte Woche für dein Ziel alles getan hast. Überleg dir, was du nächste Woche tust. Alles in Ordnung? Prima. Geht da noch was? Dann plan mehr Zeit für deine Zielerreichung ein. Plane mehr Zeit für dich ein.

Es ist okay, sobald du mehr Zeit für dich und deine Zielerreichung einplanst. Denk zurück an den Ziele-Check im Focus First Goal Camp. Fallen Menschen reihenweise tot um, sobald du dein Ziel verfolgst? Nein! Startet Nord-Korea den atomaren Erstschlag? Nein! Löst du den Massensuizid der Lemminge aus? Nein! Okay – dann ist alles gesagt.

Manche Menschen denken bei solchen Themen zuallererst mal an andere. Eigenen Bedürfnissen nachzugehen ist egoistisch. Bin ich ein Egoist, sobald ich mir Gutes tue? Muss ich wirklich meine Bedürfnisse den Bedürfnissen der anderen unterordnen? Wenn ich das nicht mache, macht mich das zum Egoist? Viele Menschen haben genau das früher gelernt und wurden so erzogen.

Lars Credo, Trainer und Coach aus Rhein-Main, meint dazu: „Menschen haben gelernt, dass der Familienbund nur dann zusammenhält, sobald sich alle einbringen und Kompromisse finden. Sobald alle Familienmitglieder dem höheren Ziel dienen. Es geht um die Gemeinschaft und nicht die Individualität. Sobald ich zum Beispiel sage: Ich gehe beruflich den sicheren Weg, damit meine Familie nicht darunter leidet – dann ist es gut für unsere Gemeinschaft. Diese Punkte haben dazu geführt, dass wir eine Gesellschaft geworden sind, die sehr in Kompromissen denkt und lebt. Und genau aus diesem Grund trauen sich nur wenige Menschen, ihre eigenen Ziele zu erreichen, weil sie denken, sie wären dann egoistisch. Und ich kann aus eigener Erfahrung sagen, es funktioniert in meinem Modell von der Welt ausschließlich so, dass sobald ich mich gut fühle, ich auch anderen helfen kann."

Der erste Punkt ist also: Du darfst dich gut fühlen. Du darfst etwas für dich tun. Du darfst machen, was dir gut gefällt. Sobald du diese Energie in dir trägst, bist du auch in der Lage, anderen Menschen zu helfen. Was viele Menschen früher noch ausprobiert hatten, war „Ich helfe erst mal anderen, dann fühle ich mich gut, denn dann bin ich hilfsbereit." Diese Rechnung geht jedoch nicht auf. Sobald du gelernt hast, dass du zunächst zu dir gut sein darfst und dann für andere, hast du ein viel größeres Maß an Hebeln, anderen Menschen zu helfen.

> *Das Konzept ist also:*
> *„Du darfst egoistisch sein. Ja, damit du die Kraft und Energie hast, anderen helfen zu können. Denn wenn es dir gut geht, geht es auch deinem Umfeld gut."*

Menschen bewundern Menschen, die große Ziele erreichen. Und du gehörst zu diesen erfolgreichen Menschen – sobald du anfängst und dranbleibst!

ÜBUNG NR. 8: ***Motivations-Übungen.***

1.) Nimm ein Blatt Papier und schreibe 100 Erfolge auf. Egal wie groß oder klein sie sind. Vom geschenkten Lächeln eines Freundes bis hin zu der Gehaltserhöhung. Schreib alles auf. Hol dir dieses Blatt Papier immer wieder hervor, sobald du herausfordernde Tage hast und einen Extraschub Motivation brauchst.

2.) Nimm ein weiteres Blatt und schreibe alles auf, was dich glücklich macht. Das kann Sonnenschein sein, Musik, ein Besuch im Café, Ruhe, Sport oder Lesen. Hol dir dieses Blatt Papier immer wieder hervor, sobald du herausfordernde Tage hast und einen Extraschub Motivation brauchst. Dadurch erinnerst du dich wieder, wie gute Laune geht.

Fokus auf das Wesentliche:

- Nur Handlung verwirklicht Ziele.
- Fokussiere dich auf dein Ziel und stelle es dir mit allen Sinnen vor.
- Drei kleine Buchstaben unterscheiden die Träumer von den Machern: T-U-N.
- Erfolgreiche Menschen teilen sich eine wesentliche Charaktereigenschaft: Ausdauer – an guten und herausfordernden Tagen.
- Jeder Niederschlag hilft uns, zu wachsen, und macht uns erfahrener. Steh wieder auf, es geht weiter.
- Mach dir deine bisherigen Erfolge bewusst – schöpfe aus ihnen Kraft für deine nächsten Tage.
- Erfolgreiche Menschen akzeptieren kein Nein. Finde kreative Möglichkeiten, aus einem Nein ein Ja zu machen.
- Überprüfe dein Denken, Sprechen und Handeln von Zeit zu Zeit. Pass es an. Richte es wieder aus an deinen Werten und deinen gesetzten Zielen. Dann bist du am effektivsten.
- Bau dir einen Meilensteinplan, um deine Zielerreichung in bestimmten Abständen zu überprüfen.

ZIEL ERREICHT

„Ein Mensch, der sich ernsthaft ein Ziel gesetzt hat, wird es auch erreichen."

Benjamin Disraeli

Du hast dein Ziel erreicht. Du bist nun angekommen. Angekommen an deinem Ziel. Alle Mühen, alle Herausforderungen, alle Tage, an denen du dachtest „Puh ...", waren es wert. Du hast es dir selbst bewiesen, zu was du imstande bist. Du warst stark, du hast durchgehalten, an schwierigen Tagen sowie an guten. Deine Freunde, Familienmitglieder, Bekannte, Kollegen bewundern dich für diesen großen Schritt.

Hier stehst du nun, mit geraden Schultern, Brust raus, erhobenem Kopf. Lächelst und schaust zurück auf dein erreichtes Ziel. Du bist glücklich über das, was du erreichst hast, und du darfst stolz auf dich sein und ich bin auch stolz auf dich. Du hast dein Ziel erreicht. Und du fühlst, was du jetzt in dem Moment deiner Zielerreichung fühlst. Du siehst, was du in diesem Glücksmoment siehst. Und du hörst, was du in diesem – deinem – großartigen Moment hörst. Genieße jeden einzelnen Moment.

Focus First Goal Camp

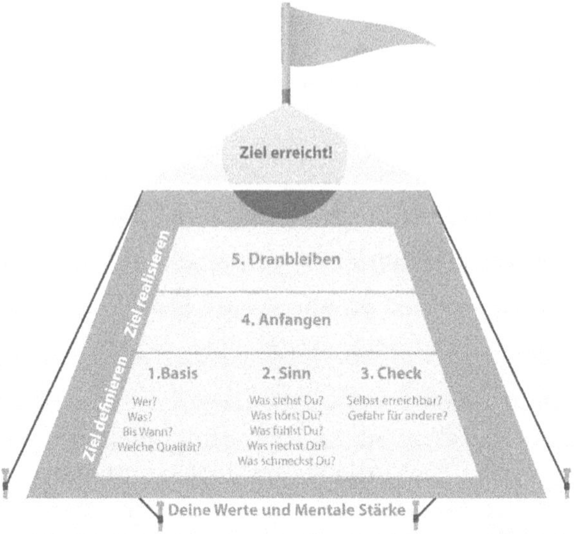

Du hast dir mentale Stärke durch deine Werte und deinen Fokus gebaut, hast dein Ziel definiert und konkret gemacht. Du hast angefangen, den ersten Schritt gemacht, den zweiten, den dritten, so lange, bis du dein großes Ziel erreicht hast. Du hast die Focus-First-Strategie erfolgreich genutzt, bis zu diesem Moment deiner Zielerreichung. Nur, eigentlich hat dich die Focus-First-Strategie nur auf deinem Weg begleitet, denn erreicht hast du das Ziel alleine. Und darauf darfst du stolz sein und dich glücklich schätzen.

Wie einfach war es für dich? Wie machst du „Ziele erreichen?", wie hilft dir diese Erkenntnis für deine weiteren Ziele? Das, was du die letzten Tage, Wochen oder sogar Monate geschafft hast, prägt dich für deine Zukunft. Du hast an dich geglaubt. Und du hast Wort gehalten. Du hast allen Grund, stolz auf dich zu sein!

Teile deine Erfahrungen mit deinen Freunden, oder sei ein *Focus-First-Mentor* auf *www.focus-first.com/mentor* - trag dazu bei, dass mehr Menschen dieses fantastische Gefühl erfahren dürfen.

Und jetzt geh los und feiere dich und deine Lieben.
Du hast es dir verdient!

Focus first!

Meine Focus First Strategie

Focus First On Three

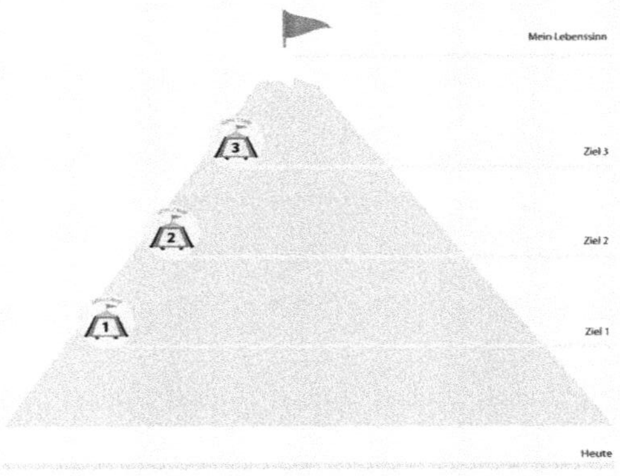

Meine Grundsätze

Ich bin authentisch & entspannt in jeder Situation

Ich lebe nach meinen Werten, dann bin ich frei

Ich mache mir große Zielbilder und lebe so, als hätte ich mein Ziel schon erreicht

Ich kommuniziere klar und simpel

Ich fang an und bleib dran

Ich fokussiere ein Ziel nach dem anderen.

1. Wert

2. Wert

3. Wert

»Ich fokussiere zuerst, bevor ich handel.«

Focus First Goal Camp

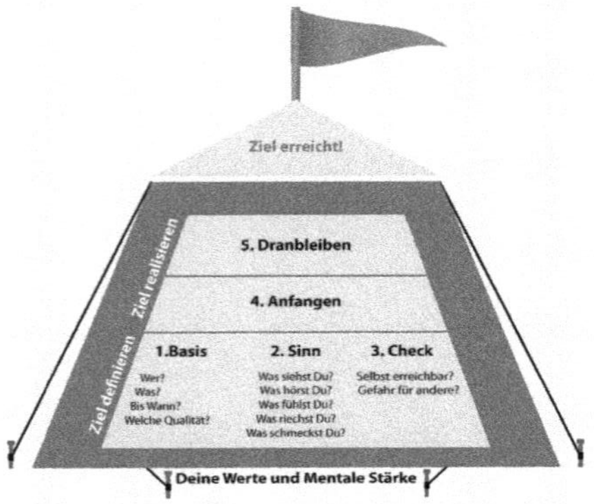

ALLES AUF EINEN BLICK

1. Wer bin ich und was mach ich hier?

- Das Geheimnis ist: Verwende den Großteil deiner Arbeitszeit für Aufgaben, die dir Spaß machen und in denen du gut bist, und delegiere die anderen Aufgaben den Menschen, die in diesen Arbeiten gut sind.
- Mache dir deine eigenen und persönlichen Lebensziele bewusst.
- Mach deine Ziele öffentlich und lebe im Ziel.
- Jeder Tag, den du mit zeitraubenden Aktivitäten verbringst, raubt dir einen Tag in deinem Ziel.
- Finde deinen eigenen Lebenssinn, er gibt dir Orientierung und innere Klarheit – in jeder Situation.
- Du findest deinen Lebenssinn, indem du dich fragst, worin du automatisch gut bist. Es ist diese eine Sache, die dich immerzu motiviert, die du stundenlang, auch kostenlos tun würdest.
- Manchmal ist der Lebenssinn so präsent, dass er genau deswegen so weit weg erscheint.

2. Werte & Glaubenssätze

- Es ist essentiell für deine erfolgreiche Zukunft, dass du deine eigenen Werte und Glaubenssätze kennst und auf Basis derer deine Ziele und Visionen verfolgst.
- Das Prinzip ist einfach: Glaub an dich und deine Fähigkeiten und du erreichst dein Ziel. Ohne Zweifel.
- Sei dir deiner drei größten Werte bewusst. Diese Werte bilden dein Fundament für deine Zielerreichung.
- Nur wer Leidenschaft hat für sein Thema und das Ziel in simplen Worten erklären kann, wird die ganz großen Ziele im Leben erreichen.
- Handel nach deinen Werten, mach dich kalkulierbar und grenze dich ab. Sei du selbst und sei stolz darauf.
- Gewöhn dir an, zu handeln und Aufgaben anzunehmen, die dich auch mal bis an deine Grenzen bringen. Dann wächst dein Selbstvertrauen immer schneller und der Glaube an dich.

3. Eigene Wahrnehmung

- Menschen nehmen die Welt verschieden wahr und haben präferierte Sinneskanäle.
- VAKOG steht als Akronym für die Anfangsbuchstaben unserer fünf Sinneskanäle (visuell, auditiv, kinästhetisch, olfaktorisch, gustatorisch).
- Um schnell eine Verbindung zu deinem Gesprächspartner herzustellen, sprich immer den jeweiligen Sinneskanal an, den dein Gegenüber zuletzt verwendet hat.
- Beobachte die Struktur, blende den Inhalt aus.
- Aufgrund von Erziehung, Kultur und vielen weiteren Faktoren hat jeder Mensch ein individuelles Modell von der Welt.

- Es gibt kein „richtig" oder „falsch", sondern nur Feedback auf Basis des eigenen, individuellen Blicks, den Menschen auf die Welt haben.
- Es ist okay, dass Menschen verschiedener Meinung sind. Es ist okay, wenn Menschen nicht dein Ziel unterstützen. Denn es passt vielleicht nicht in ihr Weltbild. Es passt nicht in ihr Modell von der Welt. Das heißt allerdings nicht, dass dein Ziel „falsch" ist. Es ist deine eigene Entscheidung und basiert auf deinem Modell von der Welt. Nicht mehr. Nicht weniger.

4. Denken, sprechen & handeln

- Du bist erfolgreich, sobald alle drei Faktoren zusammenspielen: denke, spreche und handele positiv.
- Darauf, wo Menschen den Fokus legen, das wächst.
- Wechsle vom Warum zum Wie. Vergiss die Frage: „Warum ist die Tür verschlossen?", und konzentriere dich auf die zielorientierte Frage: „Wie kriege ich die Tür auf?"
- Sei authentisch. Sei du selbst zu 100 Prozent.
- Wichtig ist, dass du bereit bist für deine eigene Veränderung. Sobald du bereit dazu bist, tauchen schon die richtigen Personen in deinem Leben auf, die dich mit auf die nächste Stufe nehmen. Der Lehrer kommt, sobald der Schüler bereit ist.
- You go first. Mach's vor. Lebe es vor und das Ergebnis kommt.
- Anstatt Entscheidungen aufzuschieben, schreib die Themen, die dich belasten, auf ein Blatt. Schreib neben jedem Thema:
- Love it – Komm damit klar und mach es dir so schön wie möglich.
- Change it – Verändere die Situation, geh das Thema an.
- Leave it – Verlass die Situation, kündige es.

- Sobald du dich entschieden hast: Bleib dabei. Du hast dich jetzt dafür entschieden. Mach einen Haken dran. Fertig.

5. Wünschen und Bekommen

- Wünsche gehen in Erfüllung, sobald Menschen dazu bereit sind. Sofern auch nur der kleinste Zweifel existiert – wird es nichts.
- Um die Vorstellungskraft zu intensivieren, ist es wichtig, so real wie möglich im Ziel zu sein. Treffe dich mit Menschen, die das Ziel schon erreicht haben. Rede darüber und fühl dich richtig rein. Frag die Menschen, wie sie ihr Ziel erreicht haben. Gehe der Struktur auf den Grund – nicht dem Inhalt.
- Lebe im Ziel, denke so, als hättest du dein Ziel schon längst erreicht. Es gibt keine Zweifel. Teile deine Ziele mit anderen Menschen, mach es öffentlich und schwing dich jeden Tag in dein Ziel. Träume jeden Tag und lebe deinen Traum. Mit allen Sinnen. Dann geht er in Erfüllung. Bestellt. Geliefert!

6. Ziel definieren

- Du erstellst dir Bilder, die du dann auch unbedingt erreichen möchtest.
- Durch die positiven Ergebnisse in deiner Vorstellung richtet sich dein Handeln und Sprechen automatisch auf Erfolg ein.
- Sobald dein Denken, Sprechen und Handeln positiv ist, bist du auch erfolgreich.

7. Ziel konkretisieren

- Mach deine Ziele deutlich und klar.
- Beschreibe dein Ziel mit allen Sinnen.
- Träum von deinem Ziel, sooft du kannst. Schwing dich richtig rein. Träum so real wie möglich. Träum assoziiert. Entdeck bei jeder Traumreise immer neue Details. Erleb diese Details mit all deinen Sinnen. Lass sie wahr werden und mach sie lebendig. Bau dir deinen eigenen, gedanklichen Ziele-Film zusammen, was siehst du in deinem Ziel? Was hörst du? Was riechst und schmeckst du? Was fühlst du?
- Such dir ein gutes Lied aus, welches dich immer wieder an das Ziel erinnert, und träum vor dich hin. Sobald du diesen Song hörst, verbindest du das mit deinem Ziel.
- Mal deine wichtigsten Ziele auf ein Blatt Papier, denn dann werden die Ziele konkret (oder wie malst du ein neues Büro mit einer nicht roten Wand?).
- Mach deine Ziele öffentlich – du triffst Menschen in deinem Leben, die dich gerne unterstützen wollen bei deiner Zielerreichung.

8. Ziel realisieren

- Nur Handlung verwirklicht Ziele.
- Fokussiere dich auf dein Ziel und stelle es dir mit allen Sinnen vor.
- Drei kleine Buchstaben unterscheiden die Träumer von den Machern: T-U-N.
- Erfolgreiche Menschen teilen sich eine wesentliche Charaktereigenschaft: Ausdauer – an guten und herausfordernden Tagen.
- Jeder Niederschlag hilft uns, zu wachsen, und macht uns erfahrener. Steh wieder auf, es geht weiter.
- Mach dir deine bisherigen Erfolge bewusst – schöpfe aus ihnen Kraft für deine nächsten Tage.

- Erfolgreiche Menschen akzeptieren kein Nein. Finde kreative Möglichkeiten, aus einem Nein ein Ja zu machen.
- Überprüfe dein Denken, Sprechen und Handeln von Zeit zu Zeit. Pass es an. Richte es wieder aus an deinen Werten und deinen gesetzten Zielen. Dann bist du am effektivsten.
- Bau dir einen Meilensteinplan, um deine Zielerreichung in bestimmten Abständen zu überprüfen.

PFLICHTLEKTÜRE

- Bock, Petra: Mindfuck – *Das Coaching*, Knaur Verlag 2013
- Canfield, Jack und Mark Victor Hanse, Les Hewitt: *The Power of Focus*, Redline Verlag 2013
- Hill, Napoleon: *Denke nach und werde reich – Die Erfolgsgesetze*, Ariston Verlag 2005
- Mikosch, Claus: *Der kleine Buddha – Auf dem Weg zum Glück*, Herder Verlag 2013
- Sitzmann, Florian: *Der Halbe Mann – Dem Leben Beine machen*, Goldmann Verlag 2014
- Streckely, John P.: *The Big Five for Life – Was wirklich zählt im Leben*, dtv Verlag 2009

WEITERFÜHRENDE LEKTÜRE

- Byrne, Rhonda: *Hero,* Knaur Verlag 2013
- Byrne, Rhonda: *The Secret,* Arkana Verlag 2007
- Canfield, Jack und Mark V. Hansen, Jeanna Gabellini, Eva Gregory: *Das Erfolgsprinzip,* VAK Verlags GmbH 2009
- Canfield, Jack und Mark V. Hansen: *Hühnersuppe für die Seele,* Goldmann Verlag 1996
- Canfield, Jack und Mark V. Hansen: *Das große Hühnersuppen-Lesebuch,* Goldmann Verlag 2013
- Charvet, Shelle Rose: *Wort sei Dank,* Junfermann Verlag 2012
- Covey, Stephen R.: *Der Weg zum Wesentlichen,* Campus Verlag 2014
- Covey, Stephen R.: *Die 7 Wege zur Effektivität,* Gabal Verlag 2014
- Eker, T. Harv: *So denken Millionäre,* Random House 2010
- Goleman, Daniel: *Konzentriert Euch! Eine Anleitung zum modernen Leben,* Piper Verlag 2014

- Heath, Chip und Dan Heath: *Made to Stick – Why some ideas take hold and others come unstuck*, Cornerstone Digital 2008
- Hill, Napoleon und W. Clement Stone: *Erfolg durch positives Denken*, Ariston Verlag 2010
- Hull, Raymond: *Alles ist erreichbar*, Rowohlt Taschenbuch Verlag 2013
- Dan, Yu: *Confucius from the Heart*, Macmillan Ltd. 2006
- Ferris, Timothy: *Die 4-Stunden-Woche*, Ullstein Verlag 2011
- Fischer-Epe, Maren: *Coaching: Miteinander Ziele erreichen*, Rowohlt Taschenbuch Verlag 2013
- Gallwey, Timothy W.: *Inner Game Coaching*, Alles im Fluss Verlag 2010
- Havener, Thorsten: *Ohne Worte*, Rowohlt Taschenbuch Verlag 2014
- Hsieh, Tony: *Delivering Happiness*, Business Plus Hachette Book Group 2010
- Isaacson, Walter: *Steve Jobs*, Simon and Schuster 2011
- Jensen, Bill: *Radikal vereinfachen*, Campus Verlag 2007
- Kerkeling, Hape: *Ich bin dann mal weg*, Piper Verlag 2010
- McKeown, Greg: *Essentialism – The disciplined pursuit of less*, Random House LLC 2014
- Navarro, Joe und Marvin Karlins: *Menschen lesen*, mvg Verlag 2011

- Rossié, Michael: *Frei sprechen in Radio, Fernsehen und vor Publikum*, Econ Verlag 2009

- Schmitt, Tom und Michael Esser: *Status Spiele*, Fischer Verlag 2010

- Sitzmann, Florian: *Bloß keine halben Sachen*, Gütersloher Verlagshaus 2012

- Streckely, John P.: *The Why Are You Here Cafe*, Piatkus Books Ltd. 2003

- Streckely, John P.: *Safari des Lebens*, dtv Verlag 2010

- Thun, Friedemann Schulz von und Johannes Ruppel, Roswitha Stratmann: *Miteinander reden, Kommunikationspsychologie für Führungskräfte*, Rowohlt Taschenbuch Verlag 2006

- Trump, Donald und Bill Zenker: *Nicht kleckern, klotzen*, Börsenmedien AG 2008

DANKSAGUNGEN

Danke! Meiner Frau Melanie Esteban und meinem Sonnenschein Emilia (Emmi). Danke für eure Unterstützung und für den Freiraum, den ihr mir geschenkt habt, damit ich mein Ziel erreichen konnte: Speziellen Dank an dich, Meli, für das Verschriftlichen der Interviews und die Motivation.

Danke an die Interviewpartner

Danke! Andreas Föller: Als wir uns das erste Mal kennenlernten, dachten wir beide sicherlich nicht, dass nun ein Interview von Ihnen in diesem Buch erscheint. Vielen Dank für die Einblicke und die tiefgründigen Gespräche.

Danke! Claudia Ludwig: Von dem Interview mit dir rede ich sicherlich noch Jahrzehnte. Unser Spaziergangs-Interview im Eberstädter Wald mit deinen drei Hunden, im stockdunklen Wald, werde ich nie vergessen. Neveeee!

Danke! Florian Sitzmann: Du bist ein Vorbild – in vielerlei Hinsicht. Danke für das interessante Interview und für die schönen Zeiten, die ich mit dir bereits verbringen durfte.

Danke! Kai Brune: Wow. Das ist das, was mir einfällt, sobald ich an unser Interview zurückdenke. Es hat mir viel Spaß gemacht und danke, dass ich von dir lernen durfte.

Danke! Lars Credo: Deine Motivations-Sprüche bleiben auf ewig in meinem Kopf. Danke für deine Motivation, deine Unterstützung und deine Inspiration. Mach weiter so – so bist du fantastisch.

Danke! Susanne Simon: Deine natürliche und warmherzige Art schätze ich sehr. Danke für ein interessantes Interview und die Unterstützung bei dem Buch.

Danke! Uwe Bistritschan: Deine Motivation und deine Beharrlichkeit sind riesig. Danke für das Interview und die lustig-anstrengenden Stunden beim Work-out.

Danke an die Unterstützer

Danke! Alexander Hoffmann: Danke für deinen mutigen Einsatz. Das hat zu einigen nachhaltigen schmunzelnden Momenten geführt.

Danke! Alexandra und Martin Endel: Ihr habt mich mit dem ersten Interviewpartner zusammengebracht. Vielen Dank für eure großartige Unterstützung, das Buch noch besser zu machen.

Danke! Anastasios Jakopanec: Danke für die inspirierenden und verdammt lustigen Abende in Boston, Tokyo, Frankfurt oder sonst in der Welt.

Danke! Christoph Schultze: Besonderen Dank an dich, mein Freund, für die schönen Zeiten, die wir verbringen durften bisher. Danke, dass du mein Ziele-Versuchskaninchen bist. Die Focus-First-Strategie funktioniert hervorragend bei dir. Danke auch für dein Feedback und deine Unterstützung – auf dich kann ich immer zählen.

Danke! Evelyn Schneider: Wer war die Erste, die mein Buch am schnellsten Korrektur gelesen hat? Evi-zient! Danke für dein Feedback und deine Ideen.

Danke! Flavio Battisti: Betriebsratschef eines DAX-30-Unternehmens, DFB-Attaché, Bundesverdienstkreuz-Träger, und die Liste geht noch weiter. Danke für die guten Gespräche und deine Unterstützung, das Buch noch interessanter zu machen.

Danke! Helmut Rosewick: Wenn es dich nicht gäbe. Danke für alles und außerdem für die Unterstützung, mein erstes Buch auf den Markt zu bringen.

Danke! Jürgen Zimmer: Für die schöne und herzliche Zeit in Thailand, Chiang Mai. Ich durfte dort lernen, wie wir durch kleine Taten Großes bewirken können.

Danke! Michael Bok: Deine Ideen, das Thema Ziele-Erreichen etwas kontroverser zu betrachten, waren sehr hilfreich. Vielen Dank für deine Unterstützung.

Danke! Nicole Engelhardt-Credo: Deine Konzepte zur Zielerreichung sind großartig. Danke, dass ich davon lernen durfte.

Danke! Petra Burssens: Die Gespräche, warum Ziele eigentlich wichtig sind, haben ein Kapitel in diesem Buch erst richtig rund gemacht. Danke für deine Unterstützung.

Danke! Rabea Hildebrandt: Mrs. Lektorin. Du findest auch jeden Rechtschreibfehler. Ich danke dir sehr für die Zeit, die du dir genommen hast, das Buch lesbarer zu machen.

Danke! Ralf Korschan: Auch wenn unser gewünschter Interviewpartner bisher nicht zugesagt hat: Danke für deine Unterstützung und wir bleiben dran. Für die zweite Auflage ist „Er“ sicherlich dabei.

Danke! Sonja Weber: Die Geschichte mit dem Hund fand durch dich Verwendung in diesem Buch. Danke auch für dein Feedback, das Buch noch besser zu machen.

Danke! Thomas Hübner: Danke für deine Einsichten und deinen Blick auf die Welt (und danke für den leckeren Primitivo!).

Danke! Thorsten Heiss: Mein Drucker in Bessungen. Immer dann, wenn ich es eilig hatte, wart ihr schneller, als ich es erwartet hatte. Danke, dass ich auf dich und dein Team zählen darf.

Danke! Ute Esteban: Du warst einer der Ersten, die großes Interesse an meinem Buch hatten. Danke für deine Unterstützung und Hilfe, beim Buch und überhaupt.

Danke! Woog Café: Danke an das Woog Café, deren Besitzer und Mitarbeiter für den leckeren Cappuccino, die tolle Atmosphäre und Blick auf den Woog. Hier habe ich viele Inspirationen für das Buch erhalten.

IM GLEICHEN VERLAG ERSCHIENEN ...

„Der Weg des Helden - Die Reise zu sich selbst"
Heribert Fischedick
ISBN: 978-1-627842-82-2 (Gedruckte Ausgabe)

Wohin will ich mich entwickeln – nicht karrieremäßig, sondern als Mensch? Welche Rolle spielen dabei wichtige Schlüsselfertigkeiten wie Selbstwahrnehmung, Selbstbehauptung, Einfühlung, Liebe und Sinngebung? Selbstentwicklung erfordert den Mut, für sich selbst und sein Wohlergehen Verantwortung zu übernehmen, und die Bereitschaft, an sich zu arbeiten. Denn wir sind uns gegeben und aufgegeben.
In den alten Bildern (Archetypen) der Heldenreise sind typische Lernaufgaben eines jeden Lebensweges beschrieben. Sie sind wie Landkarten, die uns Orientierung ermöglichen und Wege zur Bewältigung wichtiger Lebensthemen aufzeigen.

„Die 5 Stress-Persönlichkeiten"
Volker Hepp
ISBN: 978-1-938699-99-3 (Gedruckte Ausgabe)
ISBN: 978-1-627840-00-2 (EBook)

Ratgeber gegen Stress und Burnout gibt es viele. Die starke Häufung der stressbedingten Erkrankungen ist besorgniserregend und betrifft mit ihren Auswirkungen sowohl Privatpersonen, Unternehmen und Verwaltungen. Wer stressbedingt erkrankt, fällt meistens lange aus und fühlt sich nachhaltig isoliert im Kreise der vermeintlich leistungsbereiten und fitten Mitmenschen.
Da eine Stress-Persönlichkeit sehr komplex sein kann, ist es sinnvoll, diese Komplexität durch eine Typisierung abzumildern. Dadurch sind die 5 Stress-Persönlichkeiten entstanden. Sie dienen als tiefer gehender Erklärungsansatz der Hilfestellung. Ohne Erklärung gibt es keine Erkenntnis, ohne Erkenntnis und Verständnis keine Veränderung.

Lightning Source UK Ltd.
Milton Keynes UK
UKHW040634190220
358975UK00011B/696

9 781627 843140